Gira dos Animais

Luzia Contim

Gira dos Animais

Trabalho de Amor
dedicado aos Animais

ANUBIS

Revisão:
Rosemarie Giudilli

Projeto gráfico e capa:
Edinei Gonçalves

Apoio cultural:
Rádio Sensorial FM web
www.sensorialfm.com.br

Dados Internacionais de Catalogação na Publicação (CIP)
Agência Brasileira do ISBN - Bibliotecária Priscila Pena Machado CRB-7/6971

M838 Moreira, Luzia Contim.
Gira dos animais / Luzia Contim Moreira. — 1. ed. —
São Paulo, Anubis, 2019.
144 p. ; 23 cm.

ISBN 978-85-67855-71-4

1. Umbanda. 2. Religião afro-brasileira. I. Título.

CDD 299.67

São Paulo/SP – República Federativa do Brasil
Printed in Brazil – Impresso no Brasil

Este livro segue as novas regras do Acordo Ortográfico da Língua Portuguesa.

Distribuição exclusiva
Aquaroli Books
Rua Curupá, 801 – Vila Formosa – São Paulo/SP
CEP 03355-010 – Tel.: (11) 2673-3599
atendimento@aquarolibooks.com.br

Agradecimentos

Este trabalho foi desenvolvido ao longo de anos de pesquisas, experiências pessoais, aprendizados adquiridos oriundos de várias instituições místicas, filosóficas, espirituais, e ensinamentos inestimáveis de inúmeras pessoas que tive a honra de conviver durante a minha jornada espiritual, principalmente no que tange aos animais. Pessoas sérias e comprometidas com a evolução espiritual e o bem-estar dos animais, às quais agradeço pelos valiosos ensinamentos que contribuíram para a realização desse trabalho.

À algumas dessas pessoas queridas, quero agradecer publicamente, porém não apenas mencionar seus nomes, mas falar da importância que cada uma teve, e para tanto, vou contar uma breve estória para explanar a contribuição de cada uma.

Alexandre Cumino

Dirigente do Colégio Pena Branca

Em uma conversa informal com o Pai Alexandre Cumino, comentei que sempre estive às voltas com animais como tutora e protetora e, como médium, cuidava dos meus bichinhos e os próximos a mim, durante os trabalhos espirituais. Sempre tinha alguma foto de bichinho no meu cantinho de trabalho. Pelos resultados de cura obtidos, segredei a ele que tinha vontade de fazer algum tipo de trabalho espiritual com animais, e sentia que estava próximo de iniciar algum trabalho, até porque já tinha todo o trabalho idealizado em meus pensamentos, mas não sabia exatamente como nem aonde. Então, com emoção e serenidade, ele olhou nos meus olhos e falou as palavrinhas mágicas: "começa aqui... começa aqui". Nossos olhos encheram-se de lágrimas, e senti que o Trabalho Espiritual com os animais começava ali, naquele momento.

Alguns meses depois, esse trabalho foi implantado com sucesso nas dependências do Colégio Pena Branca, do Pai Alexandre Cumino, ao qual expresso a minha profunda gratidão por me incentivar e confiar neste trabalho, abrindo o seu espaço para que eu trouxesse os "bichinhos" (como ele gosta de falar) para dentro do Templo e pudesse dar início ao trabalho de acolhimento espiritual aos animais. Minha gratidão ao meu Pai Espiritual, irmão, amigo, a quem tenho uma profunda admiração, respeito e amor.

Dr. Bernardo José Dicezare

Veterinário formado pela USP, proprietário da Clínica Veterinária Jaguaré

O Bernardo sempre foi o meu veterinário, ou melhor, sempre cuidou dos meus bichinhos, e foram muitos os bichinhos que passaram pelas suas mãos, sempre amorosas e seguras. Vivenciou muitos momentos felizes, com a chegada de novos bichinhos na família, e alguns momentos de muita tristeza, quando algum bichinho deixava este plano, na grande maioria das vezes, por idade avançada, de tão bem que o Bernardo cuidava deles. Me deu várias broncas também, quando eu chegava com algum bichinho muito gorducho, falava que eu exagerava na comida.

Quando comecei a estruturar o trabalho, eu o procurei e pedi para me ajudar nas questões legais e veterinárias, para que tudo ficasse dentro da lei, da ética e da segurança, tanto para os animais, quanto para os tutores e para os trabalhadores voluntários.

Prontamente atendeu ao meu pedido, me deu orientações preciosas, de segurança, vacinas necessárias para proteção dos trabalhadores, manipulação dos animais, limpeza e assepsia do ambiente e das pessoas, e inúmeras outras orientações. Hoje o trabalho é realizado dentro das normas de segurança e respeitando as questões legais e veterinárias.

Minha gratidão ao querido Bernardo, pois além de um profissional competente e responsável, tem acima de tudo o imenso amor pelos animais. E como ele sempre fala: "os animais são os nossos filhos peludos".

Dra. Rosemeire Barbosa

Veterinária, proprietária da Clínica Felinos da Granja
Coordenadora do Projeto Bigodinhos de Amor

Conheci a Rose quando fui conhecer um Centro Espírita no Embu das Artes, a convite da minha sobrinha Paulinha, que era Trabalhadora da Casa. Na época minha gatinha Tininha estava passando por questões sérias de saúde e iria fazer uma cirurgia. Nem preciso dizer o quanto a gente fica transtornada quando um bichinho nosso adoece. Fui com uma foto da Tininha para o tratamento espiritual dela, e exatamente nesse dia havia sido anunciado que iria começar um trabalho espiritual na Casa voltado aos animais e que seria dirigido pela veterinária Rose.

Como parece não haver acaso quando se trata da espiritualidade, ao levar a Tininha para os trabalhos semanais participei do início desse trabalho e, ao longo do tempo, podia sentir o bem imenso que fazia à Tininha a cada semana, e notadamente o bem que fazia a mim mesma, fortalecendo a minha fé, renovando a esperança, trazendo paz e serenidade para cuidar da Tininha. Sempre acompanhada espiritualmente, foi nítida a melhora da Tininha, que teve sua luta contra o câncer de mama vencida, quando no último exame de acompanhamento não acusou mais nada.

Durante esse período, aprendi muito sobre espiritualidade dos animais, atendimento espiritual, comportamento dos animais e a logística para a realização deste trabalho.

Quando Tininha, pela idade avançada, teve problema renal, muito comum em gatos idosos, os laços entre a Rose e eu se fortaleceram, nos trabalhos espirituais e nos cuidados veterinários junto à Tininha, quando ela, para não ficar internada no hospital, recebeu os cuidados da Rose, que vinha em nossa casa quase que diariamente, para dar assistência veterinária, sempre com muito profissionalismo, dedicação e amor.

Nossa amada Tininha se foi, porém, além da saudade, deixou um legado de amor e gratidão, e me conduziu para esse trabalho espiritual, e como sempre digo, a Tininha foi a minha mentora para esse trabalho espiritual dedicado aos animais.

Minha gratidão à Tininha que me levou até a Rose. À Rose, minha gratidão, meu amor e meu carinho, por ter cuidado da Tininha com tanto amor, e pelos valiosos ensinamentos que me proporcionou. Quando anunciei que ia começar um trabalho de atendimento espiritual aos animais num templo de Umbanda, ficou muito feliz e na primeira Gira lá estava a Rose, feliz por mim, pelos animais, e por todo o trabalho que está sendo realizado junto aos animais.

Terreiro Pai Maneco

Curitiba – PR

Durante as minhas pesquisas para estruturar o trabalho, tomei conhecimento de um trabalho espiritual que era realizado para os animais, e na ocasião era o único que realizava este tipo de trabalho na Umbanda. Eu já tinha bem definido como gostaria, ou deveria, realizar o trabalho, porém eu queria ver um trabalho acontecendo, para validar aquilo que já estava sendo preparado. Fui até Curitiba-PR, e fui muito bem recebida pela Mãe Lucília, Dirigente do Terreiro, pela sua filha Camila, e pela Mãe Denise, a dirigente do Trabalho com os Animais.

Participei de uma Gira, e fiquei muito impressionada, pois a Gira acontecia da forma como estava estruturada na minha cabeça. Então tive a certeza que a Espiritualidade intui o trabalho e nós realizamos.

Minha gratidão à Mãe Lucília, a Camila, a Denise, e a todos os que nos receberam e nos proporcionaram momentos de muita emoção, amor e alegria.

Márcio Martins Moreira

Meu amado esposo, que desde o primeiro dia em que nos conhecemos falamos do amor mútuo pelos animais e desde então, em nossas vidas, sempre estivemos juntos nos resgates, cuidados e proteção aos animais, além de nossa própria casa que está sempre repleta de filhos peludos.

Sua contribuição para este trabalho e para este livro é inestimável, pois sempre trabalhamos juntos e ativamente em prol dos animais e não poderia ter sido diferente no desenvolvimento e implantação do trabalho espiritual. Minha gratidão, minha admiração e meu amor.

Aos bichos

Por fim, um agradecimento especial a todos os bichos que já passaram pela minha vida e a aqueles que ainda estão na minha vida. Gratidão por todos os ensinamentos recebidos, pelo amor incondicional e por me permitir enxergar, através de seus olhos, a minha própria alma.

Sumário

Sumário

Sobre o Autor

"Desde sempre me vi cercada de bichos,
acho que esta é a minha missão na Terra..."
Luzia Contim

Desde muito cedo a pequena Luzia esteve às voltas com bichos. Não apenas como uma admiradora, mas como uma verdadeira protetora.

Conta-me sempre a história de criança, quando era muito pequena e indo sozinha para a escola primária, encontrou um pequeno gatinho abandonado na rua. Como não daria tempo para voltar para casa e cuidar do pequeno gatinho, colocou-o no bolso do jaleco branco e olhando para ele disse: "você fica bem quietinho, tá?". E foi para a aula. Várias horas se passaram e ela sempre com o gatinho escondido no bolso, pois sabia que se a professora descobrisse, certamente haveria uma punição, com a qual ela nem se importava. O pior era imaginar que o gatinho teria uma sorte incerta.

Ao término das aulas foi para casa com o gatinho, temendo a reação da mãe que poderia recusar o futuro morador. Mas como resistir aos encantos, à obstinação e ao amor pelos animais de uma menininha de 7 anos? Claro que o "Mimi" foi aceito e viveu uma vida longa, segura e feliz.

Histórias de amor pelos animais como esta são rotineiras na vida da Luzia. Alegrias, choros, vacinas, veterinários, tristezas com partidas, emoções com chegadas, tudo rotina de quem ama os animais. Mas também tem miados, ronronados, latidos. E também muito, mas muito aprendizado sobre o que é o amor verdadeiro e incondicional.

"Corre!!! O Frajolinha pegou um passarinho!!!" – e lá se inicia uma correria para salvar a pobre ave das garras do caçador implacável.

"Vem Miãozinho... Vem comer..." – e lá se vai a Luzia com o pratinho na mão até o gatinho.

"Que lindo..." – e está a Luzia emocionada com um vídeo de cãezinhos dormindo.

E assim é um pouco da Luzia, uma pessoa linda, AMANTE DOS ANIMAIS (sim, em letra maiúscula!), uma filha de Oxum (é claro!) e Ogum (ai de quem fizer mal a um bichinho!), um ser terno e iluminado, que já traz a luz até em seu próprio nome.

Gratidão!

Márcio Martins Moreira

Objetivo do Trabalho Espiritual

Assim como as pessoas, os animais de estimação saudáveis podem, ocasionalmente, ter desequilíbrios físicos, emocionais e mentais que, se não tratados, poderão se manifestar como doenças nos diversos planos.

O tratamento espiritual alcança as enfermidades físicas, mentais e espirituais, proporciona ao animal alívio para as dores físicas, alívio e prevenção dos efeitos colaterais dos medicamentos. Proporciona também relaxamento e serenidade para facilitar e melhorar a resposta aos tratamentos veterinários, a cura natural do corpo e o fortalecimento da saúde.

Jamais promete a "cura" e sempre incentiva a orientação e acompanhamento de um médico veterinário.

Num tratamento espiritual, onde ocorre o acolhimento do animalzinho e seu tutor, ambos recebem as energias e fluídos positivos que proporcionam alívio para as dificuldades físicas, emocionais e espirituais.

O Trabalho é dirigido aos animais. Entretanto, é comum que durante o atendimento, o tratamento seja direcionado ao tutor até mais que ao próprio animal. A consciência do desencarne, o desapego emocional, a condição de impotência e limitação frente ao fluxo da vida, são algumas das coisas que os tutores podem aprender com as dificuldades físicas de seus bichinhos. Assim, dizemos que os animais podem estar aqui para ensinar os humanos sobre "o que é a vida". Então, é de entender que o atendimento não se restrinja ao animal, mas passes e aconselhamentos aos tutores muitas vezes são necessários num momento de dor, onde se precisa de acalanto e esperança. E mesmo que o animalzinho não esteja doente, um "Passe Espiritual" harmoniza, acalma e todos saem fortalecidos, animais e tutores.

Durante o Trabalho, os olhos de todos os bichinhos "falam" do Amor, do prazer e da gratidão de estarem sendo cuidados pelos seus tutores e pelos médiuns dedicados e amorosos. São momentos como esses que mostram que o Amor está no centro do Ser Humano, e é externado aos bichinhos de uma forma tão especial e sublime.

Temos inúmeros exemplos de amor aos animais, como São Francisco de Assis, bem como o amor de todas as tradições nativas representadas pelos Caboclos da Umbanda.

Vivencie esta jornada de amor, de aprendizado e transformação, com este livro dedicado aos animais.

Objetivo deste livro

O Livro "GIRA DOS ANIMAIS – Trabalho de Amor dedicado aos Animais" bem poderia se chamar "A CURA PELO AMOR", afinal todo o trabalho se baseia nesta curta frase. Este livro nasce com intenções bem definidas:

Conscientizar o Ser Humano para a importância dos Animais, quer seja nos cuidados físicos para com eles, quer seja no campo energético, ressaltando que a atuação do Atendimento Espiritual aos Animais passa pelo corpo físico, psíquico, mental, emocional e espiritual.

Compartilhar com irmãos sacerdotes de Umbanda os aprendizados e experiências neste trabalho, motivar e auxiliar a implementação do Atendimento de Animais em seus Terreiros de Umbanda. Neste sentido, quanto mais templos tiverem este tipo de trabalho implementado, maiores os benefícios aos animais e também aos tutores.

Orientar os médiuns que participam dos trabalhos com animais com informações básicas sobre os cuidados e manipulação dos mesmos durante os atendimentos.

Levar conhecimento aos tutores sobre o que consiste um trabalho espiritual direcionado aos animais e seus benefícios em geral.

Este livro está organizado em três capítulos: o primeiro fala sobre religião e espiritualidade; o segundo trata de chacras, aura e distúrbios energéticos e físicos; o terceiro versa sobre o conteúdo do ritual, da preparação do corpo mediúnico e outros detalhes para a realização do trabalho.

Ao longo de anos, estive pesquisando sobre o trabalho espiritual com animais, em casas espíritas e em terreiros de Umbanda.

Em casas espíritas, o trabalho com animais é mais difundido, tendo exemplos como a ASSEAMA, fundada em 2009, uma casa espírita kardecista voltada exclusivamente à espiritualidade dos animais. A estrutura é parecida com os atendimentos em casas espíritas para humanos, com passe de harmonização, eventualmente cirurgias espirituais e fluidificação de água para continuidade do tratamento. Em alguns casos utilizam-se outras técnicas como cromoterapia e reiki.

Outro trabalho espírita pesquisado, na época de meus estudos, foi a Obreiros do Amor e Misericórdia, cujo trabalho dedicado aos animais tinha à frente a Médium Rosemeire Barbosa, médica veterinária, cujo acolhimento espiritual era acompanhado de um trabalho caritativo junto aos animais carentes das comunidades na região do Embu das Artes e Cotia.

Na Umbanda, iniciativas como esta começaram a aparecer um pouco mais tarde, mas ainda são pouquíssimos os espaços que realizam este trabalho. Posso citar o Terreiro de Umbanda do Pai Maneco, localizado em Curitiba-PR, hoje dirigido pela Mãe Lucília, que realiza este trabalho desde 2015 sob a direção da Mãe Denise, numa estrutura tradicional de gira umbandista, com o ritual parecido com o ritual para atendimento de humanos, onde os animais e seus tutores são atendidos pelos guias ao som de pontos cantados.

Todos os lugares que visitei tem uma característica em comum, mesmo tendo origens e formas ritualísticas diferentes: o imenso AMOR PELOS ANIMAIS.

E esse é um ponto importante quando da decisão de se iniciar um trabalho com animais: a sustentação do trabalho espiritual se dará pelo AMOR, primeiramente pelo amor aos animais e, em seguida, pelo amor aos tutores que tanto amam seus animais.

Vejo um fluxo ativo de amor neste trabalho, onde ocorre o amor desinteressado dos tutores pelos seus animais, visível em cada rosto, às vezes choroso, pelo sofrimento do animal, às vezes alegre por proporcionar um conforto ao bichinho. Também é de se salientar o amor dos animais pelos seus tutores, o cuidado e o carinho estampados em cada focinho, em cada olhar meigo, em cada latido ou ronronado.

Neste livro abordo os aspectos mais importantes do atendimento aos animais através da Umbanda, resultado de estudos, aprendizados e experiências vivenciadas, mas principalmente, aquilo que julgo necessário e relevante para aqueles que buscam auxiliar os animais a partir deste tipo de trabalho.

CAPÍTULO I

Religião e Espiritualidade

- Religião e Umbanda
- Sacrifício Animal
- Obsessão em Animais
- Energias e Passe Espiritual
- Defumação e Música
- O que é tratado no Trabalho

O que é Religião?

Religião é uma fé, uma devoção a tudo o que é considerado sagrado. É um culto que aproxima o homem das entidades a quem são atribuídos poderes sobrenaturais. É uma crença em que as pessoas buscam a satisfação nas práticas religiosas ou na fé, para superar o sofrimento e alcançar a felicidade.

Religião é também um conjunto de princípios, crenças e práticas cujas doutrinas, baseadas ou não em livros sagrados, unem seus seguidores numa mesma comunidade moral, comumente chamada de Igreja ou templo.

Todos os tipos de religião têm seus fundamentos, algumas se baseiam em diversas análises filosóficas, que explicam o que somos e porque viemos ao mundo. Outras se sobressaem pela fé e outras em extensos ensinamentos éticos. Religião, no sentido figurado, significa qualquer atividade realizada com rígida frequência. Por exemplo, se uma pessoa for à academia todos os dias, para ela é uma religião.

O que é Umbanda?

Umbanda é uma religião brasileira fundada por um brasileiro, Zélio Fernandino de Moraes em 15 de novembro de 1908, que pratica única e exclusivamente o bem. O fundamento mais básico desta religião diz: "Umbanda é manifestação do espírito para a prática da caridade". Qualquer coisa diferente disso não é Umbanda.

Em seu seio, a Umbanda abriga a cultura europeia manifestada através da crença cristã com imagens de santos católicos e pelo espiritismo na incorporação de espíritos. Abriga também a cultura africana explicitada no culto dos Orixás e suas fundamentações e a cultura indígena tão presente na manifestação dos amados caboclos.

Como sugestões de leitura sobre a Umbanda procure na bibliografia os livros de Alexandre Cumino.

Crenças e Fundamentos da Umbanda

Dogma é o ponto **fundamental** de uma doutrina religiosa, apresentado como certo e indiscutível. Na Umbanda, ao contrário de muitas religiões, acreditamos que tudo pode ser questionado, desde que o respeito a uma opinião contrária esteja sempre presente.

Acreditamos em Deus eterno, imutável, imaterial, único, onipotente, onisciente e onipresente;

Cremos na existência dos Orixás, Espíritos de Plano Superior, que comandam as 7 linhas ou vibrações da **Umbanda**;

Cremos na existência de seres fora da matéria e na sobrevivência de nossa própria alma após a morte do corpo físico, significando que o espírito não morre, e sim sobrevive ao homem, em caminho de evolução;

Acreditamos na reencarnação;

Cremos que há a possibilidade de comunicação com espíritos desencarnados, através da faculdade mediúnica;

Acreditamos na Lei de Causa e Efeito, pela qual colhemos tudo o que plantamos. Não há acaso, tudo é consequência e aprendizado;

O progresso individual ou as situações na vida são produtos de seu livre arbítrio;

"Amar ao próximo como a si mesmo" é um dos principais lemas da Umbanda;

Todos temos guias espirituais que nos acompanham com faculdade de se comunicarem conosco, através da mediunidade;

Adotamos a liberdade da prática religiosa, respeitadas, entretanto, as leis dos poderes legalmente constituídos;

Todos somos iguais, porque somos filhos do mesmo Deus de Justiça, Sabedoria e Amor;

A afirmação de que todas as religiões constituem os diversos caminhos de evolução espiritual que conduzem a Deus, significando que todas as religiões têm uma única finalidade: aperfeiçoar o homem e levá-lo para Deus. Daí o nosso respeito a todas elas, pois cada um tem afinidade com uma corrente religiosa que esteja em correspondência ao seu grau de compreensão e evolução, e aos seus valores pessoais.

Sacrifício Animal

Na Umbanda, não há!

É necessário ressaltar que há um grande equívoco que ocorre para muitas pessoas, que acreditam que na Umbanda se trabalha com sacrifício animal.

Desde sempre, não é fundamento da Umbanda a utilização de sacrifícios animais para rituais e oferendas. Respeitamos as religiões que o fazem bem fundamentadas, como o Candomblé, o Judaísmo e outros, e todas têm nosso respeito, porém é importante deixar claro que a Umbanda não o faz.

Mesmo no terreiro mais antigo da Umbanda que ainda está em atividade, onde foi anunciada a religião de Umbanda pelo Médium Zélio Fernandino de Moraes em 15 de novembro de 1908, não existe qualquer indício de Sacrifício Animal.

Se existem terreiros que se intitulam Umbanda e fazem algum tipo de sacrifício animal, são particularidades daqueles terreiros, não da Umbanda.

Neste particular, cito meu Pai Espiritual Alexandre Cumino quando, em uma de suas maravilhosas aulas onde falava sobre os fundamentos de respeito aos Guias, Mestres e Entidades que se apresentam na Umbanda para o trabalho, foi questionado: "E se, por exemplo, um Exu pedisse sangue animal para fazer (ou desfazer) algum trabalho?". Imediatamente ele disse levantando o braço e mostrando a própria veia: "nunca nenhum Exu me pediu sangue para qualquer trabalho. No entanto, se algum dia algum guardião vier a pedir e, se for realmente necessário, que o sangue seja tirado de mim mesmo". Esse é o profundo respeito a um Fundamento da Umbanda, onde não há Sacrifício Animal, vivido na prática por um verdadeiro umbandista, Alexandre Cumino.

Obsessão em Animais, é possível?

Em diversas tradições, culturas e religiões há relatos e explicações que afirmam ser possível a influência espiritual de um ser desencarnado sobre um animal.

Em algumas religiões, como no Espiritismo e no Cristianismo, encontramos evidências da possibilidade de obsessão em animais.

Em terreiros de Umbanda, é comum vermos o "descarrego" de médiuns utilizando elementos como banhos de ervas, podendo ser mais "sutis", utilizando-se apenas de um "passe" ou energias cósmicas existentes no Plano Espiritual.

Uma consideração importante é que grande parte dos umbandistas acreditam que os animais possam ser absorvedores (e transmutadores) de energias negativas, oriundas muitas vezes de seus tutores. Isso ocorre pelo sentimento de amor do animal em relação ao tutor, quando agem como "esponjas" atraindo para si as questões do humano.

Evidentemente, existe uma distância considerável em afirmar que um animal "atrairia" um eventual obsessor que acompanhava o tutor, promovendo o transporte para si mesmo. Questionável, porém é de se refletir sobre a possibilidade do animal "carregar" um obsessor.

Seja como for, reforçado pelas diversas correntes culturais e religiosas, mostra-se importante o tratamento espiritual aos animais, para a limpeza energética e eventual encaminhamento de espíritos.

Energias quem regem o trabalho com os Animais

O trabalho de Umbanda junto aos animais, em especial ao trabalho de cura, recebe influência energética de São Francisco de Assis, com sua corrente protetora dos animais, e é regida pela força dos Orixás, em particular três: Obaluayê, Oxóssi e Oxum.

Com a energia de Obaluayê ocorre o trabalho de cura propriamente dita. A transformação do estado físico debilitado para um estado de saúde reflete a energia de Obaluayê, transformando o que precisa ser transformado. Inclusive, quando falamos em estados terminais, casos relativamente frequentes em trabalhos de cura, a própria transformação do estado de tormento dentro da dor num estado de paz e tranquilidade e a transição entre os planos também são de domínio deste Orixá.

Oxum se faz presente durante todo o trabalho, antes mesmo do animal chegar à casa. O tutor revestiu-se de amor para buscar algo melhor para seu animal e para si mesmo, trazendo desde sua casa, as vezes com dias de antecedência, um amor profundamente sentido e expresso no ato de levar o animal. De certa forma, o tutor neste momento deixa de pensar somente em si e passa a pensar no outro ser vivente com amor, sem esperar recompensas a não ser o bem do outro. Essa energia de amor, vivida nos dias que envolvem o atendimento, preenche o tutor, o animal e aqueles que estão próximos, inclusive os médiuns trabalhadores, com essa energia poderosa de amor demonstrada nas atitudes de ajuda ao próximo.

Nosso Pai Oxóssi, senhor das matas e de tudo que ali habita, protetor e guia dos animais, manifesta durante os trabalhos uma aura de harmonia espiritual entre todos, os animais, tutores, médiuns, todos biologicamente entendidos por animais. A Força da Natureza, que a tudo permeia e a tudo rege está manifesta claramente no trabalho através da energia de Oxóssi.

E não é de se admirar que a regência destes três Orixás traga a manifestação de Entidades claramente voltadas a essas energias para o trabalho com os Animais. Na manifestação dos caboclos está expressa a Força da Natureza (Oxóssi), quer nos passes, nas ervas e nas palavras certeiras de conduta aos tutores. Na presença dos Pretos-Velhos sob a energia de Obaluayê, trazendo a transformação, cura, transmutação e conscientização do momento e calma para solucionar as questões. Na alegria dos Erês que trazem um colorido de amor para os trabalhos, mostrando que mesmo em face das dificuldades, com amor (Oxum) e alegria (Oxumarê) tudo pode ser transformado.

A espiritualidade presente, sentida na energia de Oxalá e na energia de São Francisco de Assis é extremamente serena, comovente e tranquilizadora. Os tutores quando chegam ao trabalho sentem a paz do local. Os animais se silenciam no início dos trabalhos. Todos sentem a PAZ reinando para que a transformação, a cura e o amor possam atuar de forma livre e direta.

Sobre o Passe Espiritual

Assim como nós, os animais também possuem um espírito dentro de si, que precisa de energias positivas para se manter em bom estado e continuar evoluindo na terra, além de trazer conforto psíquico, físico, mental e espiritual.

O passe em cães, gatos e outros animais é, acima de tudo, um ato de amor, onde um médium transmite ao animal, através da imposição das mãos e com a ajuda de um guia espiritual, fluidos energéticos, com o objetivo de atingir o corpo físico, o perispírito, o duplo etérico, o espírito do animal para assim restaurar a harmonia e equilíbrio do bichinho.

A aplicação é feita com leves toques sobre os pontos energéticos do animal e totalmente indolor.

A aplicação do passe não tem nenhuma contraindicação e pode ser aplicado em qualquer momento da vida do animal, seja como prevenção a algum mal ou no auxílio de tratamento de alguma doença. É importante lembrar que o passe não substitui nenhum outro tipo de tratamento veterinário, e pode ser utilizado em infinitos casos, como problemas neurológicos, estresse, dores crônicas, ansiedade, câncer, agressividade, síndrome do medo e até mesmo na preparação do paciente que passará por um procedimento cirúrgico como na recuperação pós-cirúrgica.

Quando um animal saudável recebe o passe, ele aproveita a energia recebida para manter sua saúde em bom estado, prevenindo doenças e melhorando seu comportamento. Já um animal doente terá alivio nos efeitos da doença e do tratamento, melhorando assim, a sua qualidade de vida.

O passe é estendido também aos tutores, visto que muitos problemas físicos e espirituais que surgem nos animais são consequência das perturbações que eles absorvem de pessoas e ambientes por onde passam. Por isso é importante o cuidado energético também dos tutores, para que o animal mantenha por mais tempo os benefícios energéticos recebidos pelo passe.

Energia das Mãos - imposição de mãos

A imposição de mãos NÃO É EXCLUSIVIDADE de uma ou outra corrente de pensamento ou religião: desde milênios estas técnicas são utilizadas em diversos tratamentos.

Os antigos egípcios (1500 a.C.) deixaram, em suas gravuras milenares, o que hoje podemos associar a um "passe" magnético, impondo-se as mãos sobre outras pessoas;

Acredita-se que os essênios (150 a.C.) utilizavam a imposição de mãos para cura;

Igrejas cristãs ministram curas, ordenações e sacramentos, baseados no Novo Testamento Bíblico, através da imposição de mãos;

Base da terapia Reiki, arte de canalizar a energia vital pela imposição das mãos, redescoberta no Japão no início do século XIX pelo Dr. Mikao Usui;

Igreja Messiânica Mundial, fundada em 1935 no Japão por Meishu-Sama, cujo Johrei (Luz Divina), através da imposição de mãos, pode ser canalizada ao corpo de outra pessoa, com intuito de curá-la de seus males físicos e espirituais;

No Espiritismo, doutrina codificada por Allan Kardec em 1857, onde se administra o Passe Espírita, quando o passista canaliza à outra pessoa os "fluidos" ou "energias" benéficas, oriundos do próprio passista ou de bons espíritos, pela imposição de mãos;

No Mormonismo (Mórmons), doutrina fundamentada pelo primeiro profeta que a restaurou, Joseph Smith, utiliza-se a imposição de mãos para curar, ordenar a cargos, conferir o Espírito Santo, entre outras;

Utilizada pelas igrejas Pentecostais e Neopentecostais para exorcismos, onde a imposição de mãos e a declaração verbal da fé por parte do pastor faz com que a pessoa fique liberta da infestação ou possessão de demônios ou espíritos imundos;

Também na Umbanda, religião brasileira instituída em 1908 por Zélio Fernandino de Moraes, a imposição de mãos é utilizada pelos espíritos incorporados nos médiuns para realizarem a limpeza espiritual dos consulentes.

Cientificamente falando, um estudo desenvolvido recentemente pela USP (Universidade de São Paulo), em conjunto com a Unifesp (Universidade Federal de São Paulo), conclui que a energia liberada pelas mãos tem o poder de curar inúmeros tipos de mal-estar.

O pesquisador Ricardo Monezi, investigou os possíveis efeitos da prática de imposição de mãos. Em seu estudo com camundongos de laboratório, notou-se um considerável ganho de potencial das células de defesa contra células com tumores. O pesquisador continua seus estudos para avaliar, não só os efeitos fisiológicos, mas também os psicológicos.

Apesar do meio científico não concluir precisamente seus efeitos, a energia liberada pela imposição de mãos é frequentemente denominada de "energia sutil", por vezes relacionada à frequências eletromagnéticas de baixo nível.

Acredita-se, portanto, que a imposição de mãos libera energia capaz de produzir bem-estar, reduzindo o estresse, a tensão, a ansiedade e a depressão, além de dar uma sensação de relaxamento e plenitude.

Energização da água

O corpo humano é constituído de mais de 70% de água, energia úmida que constitui a própria vida. Não poderíamos sobreviver sem a energia do elemento Água, que é o fundamento de todos os seres vivos, elemento sem o qual não haveria vida na Terra. Da mesma forma que para os Humanos, a água é vital para os animais.

Temos um vasto material de estudo a respeito deste precioso elemento, e embora seja estudada desde os primórdios da humanidade, ainda assim não conhecemos todas as suas particularidades.

Pela ótica da química elementar, a água tem como composição molecular dois átomos de hidrogênio e um de oxigênio. Pela ótica da física temos os diferentes estados, sólido, líquido e gasoso. Na eletricidade, é um potente condutor de eletricidade, e sabemos dos riscos de choques elétricos no nosso dia a dia.

Quando a água evapora durante a fervura, ela desaparece, mas não deixa de existir, apenas muda de estado, do líquido para gasoso. Nós não conseguimos ver a água em estado gasoso, mas ela existe e está lá, ascendendo na atmosfera para, no momento oportuno, agregar-se a muitas outras moléculas e transformar-se em chuva pelo fenômeno da condensação.

Ainda no plano físico, ao longo dos tempos, os povos e as religiões têm lhe atribuído vários significados simbólicos em ritos, atos de batismo, cerimônias de purificação, entre outros.

Está comprovado que a água, enquanto fluído, sofre influências eletromagnéticas. Nosso corpo físico através da água reage a essas mesmas influências. Da mesma forma o ambiente também sofre tais influências, através das vibrações que estão sendo emanadas através do pensamento e das atitudes dos que estão ou convivem no local. Em um lar desequilibrado, com brigas, a água fica energeticamente contaminada no próprio encanamento, prejudicando a saúde. Ou seja, a água é potável do ponto de vista físico-químico, mas imprópria do ponto de vista energético. Inversamente, num ambiente de harmonia, de boas palavras e atitudes, ela conduz o nosso remédio, as boas energias, as vibrações de saúde, paz e amor.

Nos Centros Espíritas a água está sempre presente durante as sessões mediúnicas, e também nas igrejas cristãs, através da água benta sempre à disposição, e em alguns ritos de benção das águas.

Na umbanda não é muito comum o processo de energizar ou fluidificar a água durante os Trabalhos, no entanto nos rituais de cura e saúde, a água está cada vez mais presente para complemento e continuidade do tratamento espiritual.

No trabalho com os animais, a importância da energização da água é sentida para dar continuidade ao tratamento do animal. A água, normalmente numa garrafinha, é energizada pela Entidade durante o Atendimento, e será levada e oferecida ao animal pelos tutores, em sua casa, durante os dias subsequentes, e até o retorno ao próximo trabalho.

Nessa água, através da imposição de mãos, serão colocados os fluidos medicamentosos para tratamento do animal atendido. Importante também para o caso de algum animal que tenha sido tratado a distância.

Além do que, pelo simples fato da água estar presente durante os trabalhos, as moléculas da água já ficam impregnadas com as boas energias e vibrações salutares advindas das próprias preces, tanto da corrente mediúnica, quanto dos tutores que trouxeram seus animais, todos movidos pelo amor e pelo desejo de ajudar no tratamento dos amados animais. O próprio ambiente colabora para as boas vibrações, pois atitudes de prece, concentração, silêncio e respeito, inerentes e necessários a um trabalho de cura, produz a harmonia e paz que já vão atuando nos animais e em seus tutores, desde o momento da sua entrada no Templo e que serão levadas para seus lares após o trabalho.

O processo de energização é invisível aos olhos humanos, por isso, a confiança e a fé dos envolvidos são partes essenciais para que o tratamento alcance o efeito desejado. Como os animais não têm resistência, absorvem a energia de uma forma muito tranquila e natural e por ser um ótimo condutor de força eletromagnética, a água absorverá os fluidos sobre ela projetados, irá conservá-los e os transmitirá ao organismo doente, quando ingerida.

Como a energia eletromagnética e as moléculas de água tem a propriedade de expandir-se, ao chegar no finzinho da garrafinha, recomenda-se tornar a enchê-la com água filtrada, o que tornará novamente toda a água da garrafinha energizada.

A água fluidificada é a água normal, acrescida de energias benéficas. Entende-se por água fluidificada aquela em que fluidos medicamentosos são adicionados à água, ou seja, impregnada por fluidos curadores.

Fluidificação Magnética: É aquela em que fluidos medicamentosos são adicionados na água por ação magnética do médium, que coloca suas mãos sobre o recipiente com água e projeta seus próprios fluidos.

Fluidificação Espiritual: É aquela em que as Entidades aplicam fluidos diretamente sobre os frascos com água. Na Fluidificação Espiritual a água não recebe fluidos magnéticos do médium, mas somente os trazidos pelas Entidades e Guias. A Fluidificação Espiritual é a mais comumente utilizada nos Centros Espíritas e nos Templos de Umbanda.

Fluidificação Mista: É uma modalidade de fluidificação onde se misturam os fluidos do médium com os fluidos trazidos pelas Entidades.

A água fluidificada, portanto, é uma água energizada, principalmente, pelos Espíritos e Entidades, contendo, assim, alterações ocasionadas pelos fluidos salutares ali colocados e direcionados para o equilíbrio de alguma enfermidade física ou espiritual.

O tratamento com a água fluidificada traz muitos benefícios ao organismo, facilita a ação medicamentosa e tem se mostrado eficiente no tratamento de doenças psicossomáticas, físicas, psíquicas e espirituais.

Limpeza Energética do Ambiente - Defumação

Quando começamos a desenhar o ritual, pensamos se deveríamos ou não fazer defumação, pois sendo os animais tão sensíveis a cheiros, com o seu olfato tão apurado, se não seria mais inconveniente do que benéfico aos animais.

No entanto, fazer a limpeza energética do ambiente antes de iniciar o trabalho, com certeza seria muito produtivo para o ritual.

Com este propósito comecei a desenvolver material natural, utilizando ervas selecionadas, a maior parte cultivadas por mim, dando preferência às ervas relaxantes e com aromas suaves, sem acrescentar nenhum tipo de material artificial ou sintético.

No processo de preparo, normalmente utilizando ervas frescas, desidrato-as ao sol ou, na ausência deste, utilizo o micro-ondas. Depois de secas, transformo-as em pó com as mãos ou utilizo um liquidificador. As ervas manipuladas desta forma produzem pouca fumaça, a defumação fica bem suave, deixando o ambiente limpo energeticamente e com um aroma bastante agradável, sem irritar as mucosas sensíveis dos animais. Com o uso, fomos observando que os animais não só não se incomodam como até apreciam o efeito calmante que fica no ambiente.

É aconselhável fazer a defumação antes dos animais entrarem, para evitar o contato destes com a fumaça, e também para recebê-los no ambiente já preparado, limpo e agradável.

As ervas mais utilizadas são: cidreira, alecrim, manjericão, hortelã, sálvia, boldo, mirra, arruda e guiné. Pelas suas propriedades, são as ervas normalmente utilizadas para purificação e para fins curativos.

A seguir, algumas propriedades destas ervas:

ERVA	FUNÇÃO PRINCIPAL	ORIXÁS PRINCIPAIS	AÇÃO (VERBO)
Erva-cidreira (*Cymbopogon citratus (DC) Stapf*)	Tem função terapêutica e calmante, proporcionando ao ambiente tranquilidade e percepção.	Oxóssi e Ogum	Acalmar, tranquilizar, atenuar, corrigir, descansar, perceber
Alecrim (*Rosmarinus officinalis L.*)	Tem função extremamente equilibradora e tranquilizadora.	Oxum, Oxalá e Oxóssi.	Iluminar, Rejuvenescer, equilibrar, clarear, tranquilizar
Manjericão (*Ocimum minimum L.*)	Tem função de fortalecimento do espírito, harmonizador dos chacras e para recuperação de doentes	Oxum, Iemanjá e Nanã	Equilibrar, manter, proporcionar, ligar, fortalecer
Hortelã (*Mentha sp.*)	Tem função estimulante, energizadora e estabilizadora da Energia Vital.	Oxóssi e Oxalá	Estimular, ligar, animar
Sálvia (*Salvia officinalis L.*)	Tem função de purificação e iluminação espiritual para o ambiente e pessoas.	Obaluayê, Oxalá e Nanã	Curar, Estabilizar, apaziguar, transformar
Boldo (*Plectranthus barbatus Andrews*)	Tem função magnetizadora e fortalecedora do chacra coronário, desobstruindo de energias negativas	Oxalá e Ogum	Cristalizar, acessar, desobstruir, preparar
Mirra (*Commiphora sp.*)	Tem função de limpeza leve, mas consistente e duradoura, promovendo bem-estar e tranquilidade	Oxalá, Xangô e Ogum	Purificar, Magnetizar
Arruda (*Ruta Graveolens L.*)	Tem função de limpeza espiritual e purificação	Xangô e Egunitá	Purificar, consumir, abrasar
Guiné (*Petiveria alliacea L.*)	Tem função curadora de espíritos e locais negativados pelas emoções humanas.	Oxóssi e Ogum	Cortar, encaminhar, curar

Harmonização do Ambiente - Música

A Umbanda é uma religião extremamente alegre e musicada. Cantos, danças e músicas acompanham todo o ritual, trazendo harmonia. Em cada fase do ritual de Umbanda existem músicas e cantos específicos organizando e dando ciência a todos do que está acontecendo, unindo todos numa mesma ideia, num mesmo momento.

O trabalho da Curimba é importante, tanto na forma da execução como na escolha dos próprios pontos cantados. É necessário ter a sensibilidade para harmonizar o trabalho percebendo "o que" e "como" tocar em cada momento para que o trabalho espiritual atinja toda a sua intensidade, da maneira mais fácil e tranquila.

Pode-se também tocar músicas com outros instrumentos que não sejam tradicionais de Giras de Umbanda, como violão, flauta, ou mesmo, se assim for possível, executar músicas gravadas com estilos xamânicos, músicas de meditação, músicas utilizadas em Reiki e outras que promovam calma e bem-estar.

Bastante apropriado também é tocar músicas que aludem ao poder curativo e à corrente de São Francisco de Assis.

No trabalho com os animais, pela alta sensibilidade auditiva dos animais, é recomendável que os toques dos instrumentos, como atabaque e agogô, sejam mais baixos, como a diminuir o volume. Os cantos são mais tranquilos e seus ritmos mais serenos. Dá-se preferência pelos toques Ijexá e Nagô, que são mais lentos e, consequentemente, suscitam tranquilidade. Isso não quer dizer que toques como Angola, Congo e Barravento não possam ser executados, mas deve-se ter o bom senso e o cuidado com o volume e intensidade.

O que é tratado nos trabalhos com animais

Três grandes áreas de atuação de tratamento são abordadas durante o atendimento: questões de saúde física, saúde espiritual e a relação entre tutor e animal.

As questões de saúde física são tratadas pelos guias que se apresentam para o Trabalho. A manipulação de energias curativas para promoção do bem-estar dos animais usa a mesma base do atendimento a humanos, visto que boa parte da medicina humana se aplica à medicina veterinária. Esses tratamentos envolvem a energização de chacras, manipulação da aura através de passes, imposição de mãos e outros recursos como ervas e água fluidificada.

Ainda que os corpos sejam diferentes, a ação energética sobre os corpos é semelhante entre humanos e animais. As questões comuns que afligem os homens como tumores, problemas de pele, mal funcionamento dos órgãos, são os mesmos entre os animais, e pelo mesmo mecanismo que a cura é alcançada nos humanos, também é nos animais.

As questões mais frequentes trazidas durante os atendimentos são:

- **Físicas:** doenças de pele/alergias; tumores; doença renal, problemas de coluna e mobilidade, coração, dentre outros;
- **Emocionais:** agressividade; medo e ansiedade; apatia e falta de apetite; depressão.

Os problemas espirituais são igualmente tratados. As entidades trabalham para que os animais sejam limpos de energias ruins, limpando energeticamente seus corpos astrais, e retirando maus eflúvios que poderiam adoecer o animal.

Muitas vezes, os animais absorvem energias do meio ao seu redor, das pessoas e situações. Reações perfeitamente visíveis comprovam esse fato, por exemplo, quando um animal adoece juntamente com seu tutor ou sentem as negatividades ligadas a ele e é com base nesse raciocínio que os tratamentos espirituais são feitos também em animais.

Visto que existe uma influência direta entre os animais e seus tutores, que trocam energia entre si, é importante que esta relação com o tutor seja também tratada.

O tutor muitas vezes coloca na sua relação com o animal uma enorme carga de energia e seus problemas acabam se acumulando na saúde física, tanto do tutor quanto do animal. É aí que o atendimento pode melhorar as ligações energéticas entre tutor e animal, para que se quebrem vínculos viciados de relacionamento.

Um tutor doente pode vir a adoecer o seu animal, por troca de energias, por falta de cuidado com o bem-estar próprio ou do animal, ou ainda por permitir que o animal absorva energias ruins do tutor ou do meio onde está vivendo. As orientações, as limpezas energéticas e a conscientização trazem um ambiente mais saudável para os animais serem também mais saudáveis, quebrando um círculo vicioso de doença e negatividade.

Felizmente, nem todos os animais e seus tutores apresentam desequilíbrios de saúde física, espiritual ou de relacionamento. Nestes casos onde impera a saúde e o bem-estar, as boas energias da gira de umbanda trazem uma satisfação enorme aos envolvidos, traduzidos muitas vezes em alegria e paz.

Aliás, não é raro ter depoimentos de tutores que, ao chegarem em casa, percebem seus animais mais dóceis e tranquilos, por vezes desfrutando de sonos prolongados e profundos, atribuídos aos passes energéticos e ao ambiente salutar onde estiveram.

Nesse Trabalho todos saem fortalecidos, animais, tutores e os médiuns que participam da corrente mediúnica.

CAPÍTULO 2

Doenças e Tratamentos

- Aura
- Chacras
- Distúrbios Comportamentais
- Doenças Físicas e Emocionais

A aura humana

O corpo espiritual do homem tem uma forma idêntica à do seu corpo físico e essa vestimenta espiritual recebe o nome de Aura, exatamente como nos Animais.

Aura pode ser definida como um conjunto de energias de frequências diferentes composta de camadas, que começam dentro do corpo físico e se expandem para fora a uma distância maior do que a camada anterior. Dessa forma temos várias energias ocupando o mesmo espaço, ao mesmo tempo, o que provavelmente não estamos acostumados a imaginar.

A Aura, também conhecida como Corpo Psíquico, após o desaparecimento do Corpo Físico, torna-se totalmente inanimada e inconsciente, iniciando sua desintegração progressiva, que em algumas tradições afirma-se levar de alguns dias a vários anos. Sem entrar neste ponto mais profundamente, o fato é que sem o Corpo Físico, cessa a atividade da Aura.

Fica evidente a relação entre o Corpo Físico e a Aura, como também fica clara a interferência de um no outro. Uma eventual queda vibratória da Aura, sendo em um tempo relativamente longo, pode provocar anomalias no funcionamento do Corpo Físico. Por outro lado, um Corpo Físico deficiente em energia, alimentos e ar, certamente afetará o perfeito funcionamento da Aura.

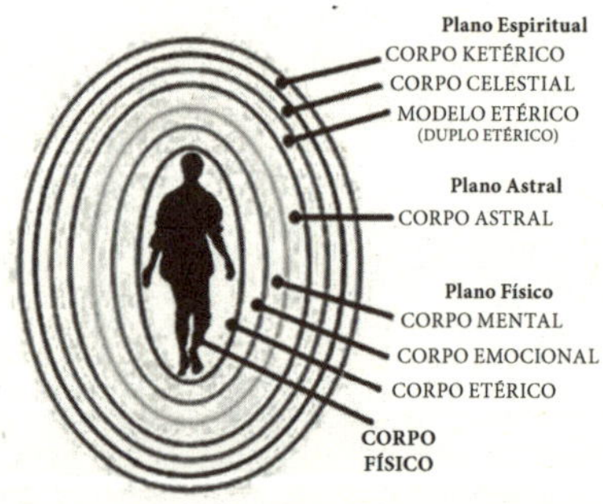

Cada camada tem um nome, algumas funções e uma conexão com um Chacra.

Chacras são dispositivos energéticos que transportam e modificam as energias em jogo dentro da aura.

Camada	Nome	Função	Chacra
Primeira	Corpo etérico	Físico	Básico
Segunda	Corpo emocional	Emocional	Sacral
Terceira	Corpo mental	Mental	Umbilical
Quarta	Corpo astral	Ligação	Cardíaco
Quinta	Duplo etérico	Físico	Laríngeo
Sexta	Corpo celestial	Emocional	Frontal
Sétima	Corpo ketérico	Mental	Coronário

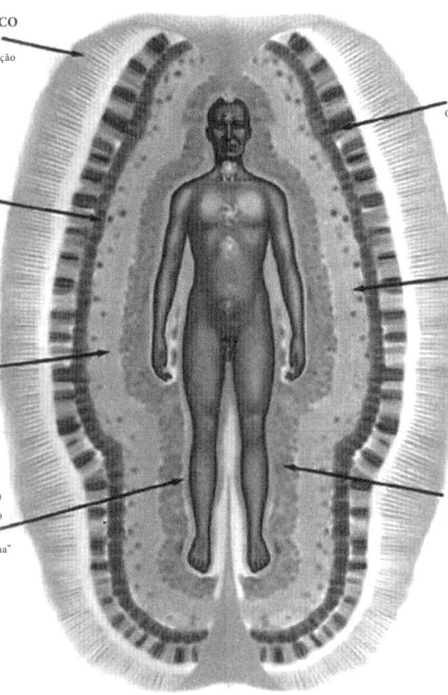

Os chacras nos humanos

Chacra em sânscrito significa roda. São vórtices de captação e concentração energética, distribuídos pelo corpo. Dos incontáveis chacras que todo ser humano tem, os 7 principais localizam-se ao longo da coluna vertebral, anterior e posterior. Têm a finalidade de captar e transformar energia cósmica, interligando os corpos energéticos. Cada chacra está relacionado com uma glândula do corpo físico e mantém uma relação com algum órgão interno vital. Por meio da sua ligação com o sistema nervoso faz trocas energéticas entre o interior e o exterior do corpo. Se por algum motivo a energia produzida pelo metabolismo cessar, os chacras ainda têm condições de manter o corpo vivo por algum tempo através da energia absorvida do meio externo.

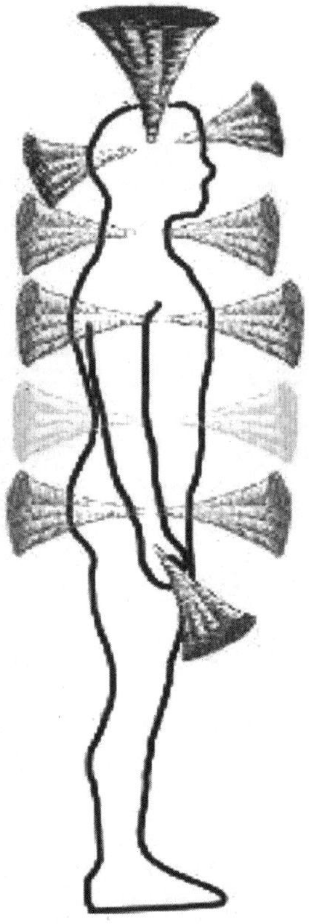

Esta função dos chacras é vital. Se um deles parasse por completo o corpo físico morreria, no máximo, em três minutos. Pode ocorrer, até com certa frequência, um bloqueio parcial comprometendo o funcionamento ideal do chacra.

O movimento característico de um chacra é helicoidal, em forma de funil, tal como num redemoinho. Estes movimentos são idênticos em qualquer ser vivo. Quando giram no sentido horário,

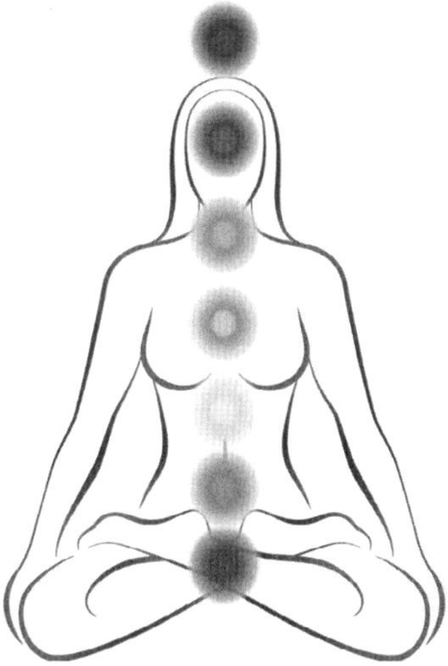

absorvem energia do exterior. Quando giram no sentido anti-horário expelem excesso de energia.

Como existe um intercâmbio energético entre os chacras em todos os seres vivos, tanto humanos como animais, pode-se compreender que uma pessoa que viva em uma cidade grande recebe muito mais influências negativas do meio externo que uma pessoa do campo. Estas influências ainda são agravadas por radiações eletromagnéticas e todas as demais formas de influência energética possível em um aglomerado urbano.

	Chacra	Está ligado a	Sistema	Glândula
1	Básico	Sobrevivência. Suprarrenais, ossos, coluna, intestino grosso.	Ósseo	Supra Renal
2	Sacral	Reprodução. Rins, líquidos do corpo, genitais.	Gênito urinário	Testículos Ovários
3	Umbilical	Poder pessoal, relacionamento interpessoal. Pâncreas, estômago, fígado, vesícula biliar.	Digestivo	Pâncreas
4	Cardíaco	Amor holístico. Timo, coração.	Circulatório	Timo
5	Laríngeo	Criatividade, comunicação. Tireoide, brônquios, pulmões, canal alimentar.	Respiratório	Tireoide
6	Frontal	Intuição, clarividência. Hipófise, cérebro inferior, ouvidos, nariz.	Endócrino Nervoso	Hipófise Pituitária
7	Coronário	Espiritualidade. Pineal, parte superior do cérebro.	Global	Epífise Pineal

Os chacras dos animais

Os animais de forma geral possuem em torno de:

- A – 8 Chacras Principais: 7 Chacras Maiores e 1 Chacra Braquial
- B – 6 Chacras Bud (botão)
- C – 21 Chacras Secundários (Menores)

A - Chacras Principais

- Chacras Maiores (7)

1º – Chacra Básico

2º – Chacra Sacral

3º – Chacra Umbilical

4º - Chacra Cardíaco

5º - Chacra Laríngeo

6º - Chacra Frontal (Terceiro Olho)

7º - Chacra Coronário

Localização similar aos seres humanos. Estão alinhados às glândulas (sistema endócrino) e influenciam os órgãos do corpo onde estão localizados.

- Chacra Braquial (1)

8º - Chacra Braquial

Existente somente nos animais. Não existe nos seres humanos. É o mais potente de todos os chacras, sendo o canal de acesso aos outros chacras maiores, por onde se pode energizar todos os outros chacras maiores.

B - Bud Chacras (Botão) (6)

4 – Coxins plantares (patas do animal). Conectam o animal com a energia da terra.

2 – Na base dos ouvidos. Sensíveis às vibrações energéticas.

C - Chacras Secundários (Menores) (21)

Regulam os sistemas sensoriais. Estão espalhados pelo corpo do animal.

Os chacras e o desequilíbrio energético

Os Chacras afetam a área do corpo onde estão localizados. Muitos desequilíbrios físicos podem ser resultado de desequilíbrios dos Chacras.

Nos animais, o processo é o mesmo que nos humanos: a doença se manifesta em outros corpos mais sutis, e por último no corpo físico, que é o mais denso dentre todos.

Qualquer coisa que cause o bloqueio ou a perturbação no fluxo de energia sutil, em um ou mais chacras, pode dar origem a doenças. O corpo etérico, assim como os chacras, pode ficar bloqueado, afetando o fluxo de energia no animal. A doença geralmente é percebida nos corpos sutis antes de se manifestar no corpo físico.

Um animal que sofreu um trauma físico, mental ou emocional, muitas vezes pode não ser capaz de reparar o desequilíbrio energético, provocando, assim, doença física.

Isso é muito comum em animais que sofreram abusos ou abandonos, perdidos nas ruas, ou vítimas de crueldade humana.

Neste caso, os Chacras podem ficar sobrecarregados por um volume excessivo de energia, que no início atrapalham o fluxo de energia, podendo evoluir para um bloqueio total.

Bloqueio é um termo que identifica Chacras com problemas, por uma doença em sua zona de controle.

O Passe Energético ajuda a manter os Chacras equilibrados, permitindo que a energia flua livremente, sem obstáculos, desbloqueando-os e equilibrando-os.

De forma geral, o Passe Energético é extremamente aconselhável e útil no tratamento de animais, no plano físico, emocional, comportamental e aliado ao tratamento veterinário adequado, promove saúde, conforto, bem-estar.

O conhecimento básico dos chacras propicia tratamentos mais eficazes e mais rápidos.

O Equilíbrio dos Chacras resulta em saúde e vitalidade. O Desequilíbrio resulta em doenças e desvios comportamentais.

1. Chacra: básico

Localização: Próximo à cauda e ao ânus

Glândula: Suprarrenais

Ligação: Instintos, sobrevivência, preservação física, força, estabilidade, ânimo, comunicação (latir, rosnar, ronronar, grunhir, relinchar...).

Em Equilíbrio: Boa saúde, instinto de sobrevivência, vitalidade, ligar-se a terra.

Desequilíbrio: Agressividade, violência, raiva, medos primários, constipação (prisão de ventre).

Para equilibrar: O animal deve ter contato com a terra

Cor: Vermelho

Elemento: Terra

Tratamento do Chacra I

Doenças Físicas	Distúrbios Comportamentais
Cauda, rabo	Agressividade
Coluna	Dominador
Esqueleto, ossos	Ganância, egoísmo
Intestino delgado	Inquieto
Intestino grosso	Lentidão
Ossos	Magreza
Períneo	Medo
Pés / Patas traseiras	Medo excessivo
Quadris	Sem entusiasmo
Sistema Muscular	

2. Chacra: sacral

Localização: Abaixo do abdome e acima da pélvis
Glândula: Gônadas (ovários e testículos)
Ligação: Sistema urinário e órgãos sexuais. Emoção, desejo sexual, segurança, sentido do paladar.
Em Equilíbrio: Criatividade, energia sexual, prazer.
Desequilíbrio: Possessividade, ciúmes, problemas nos órgãos reprodutores.
Para equilibrar: Massagem na barriga e parte interna das coxas
Cor: Laranja
Elemento: Água

Tratamento do Chacra 2

Doenças Físicas	Distúrbios Comportamentais
Bexigas Fluidos em geral Glândulas adrenais Região Lombar Rins Sistema Circulatório Sistema Digestivo Sistema linfático Sistema imunológico Sistema reprodutivo	Choramingar excessivamente sem motivo óbvio Ciúmes Culpa Distúrbios no sistema reprodutor Excessivamente emocional Excessivamente possessivo Excesso de desejos Excesso de impulso sexual Excesso de materialidade Medo Perda de lar Perda de um companheiro animal Perda dos filhotes Questões de limites, não saber separar treinamento e brincadeiras.

3. Chacra: umbilical

Localização: Área central do abdome e das costas, atrás das pernas dianteiras.

Glândula: Pâncreas (intestinos e fígado, rins, estômago).

Ligação: Força, propósito, origem. É afetado pelas emoções do animal.

Em Equilíbrio: Vontade, determinação, liderança.

Desequilíbrio: Raiva, má digestão, medo, ódio, transtornos alimentares, tédio, apatia.

Para equilibrar: Coçar a barriguinha do animal

Cor: Amarelo

Elemento: Fogo

Tratamento do Chacra 3

Doenças Físicas	**Distúrbios Comportamentais**
Estômago Fígado Sistema Digestivo Sistema Endócrino Sistema Muscular Sistema urinário	Agressividade Apatia Dominador Medo Melancolia Raiva Recolhimento Sem entusiasmo Vergonha

4. Chacra: cardíaco

Localização: Área central do tórax, área do coração.

Glândula: Timo (coração e pulmões, sistema imunológico, circulação, peito).

Ligação: Amor e compaixão. Associado à emoção, à sensibilidade, partilha, equilíbrio.

Em Equilíbrio: Amor incondicional, perdão, compaixão, consciência de grupo, paz, tolerância.

Desequilíbrio: Raiva, problemas de coração, inflexibilidade, falta de amor.

Para equilibrar: O animal necessita sintonizar e sentir boas emoções e boas intenções. Tenha ações de amor e fale com de forma amorosa.

Cor: Verde

Elemento: Ar

Tratamento do Chacra 4

Doenças Físicas	Distúrbios Comportamentais
Braços Cardiovascular Coração Doença do sangue Glândula Timo Mãos / Patas dianteiras Pulmões Resfriados e outras viroses Sistema imunológico Sistema respiratório	Amargura Ciúmes Excessivamente possessivo Inflexibilidade Nervoso com outros animais sem motivo aparente Recusando-se a interagir com outros animais Tristeza

5. Chacra: laríngeo

Localização: Garganta

Glândula: Tireoide e paratireoide (tireoide, pulmões, sistema respiratório, pernas dianteiras, patas, garganta, boca, cordas vocais).

Ligação: Audição e vocalização.

Em Equilíbrio: Comunicação, criatividade, boa expressão.

Desequilíbrio: Dificuldade de comunicação, problemas na garganta.

Para equilibrar: Música suave, canto, respiração tranquila e serena.

Cor: Azul celeste

Elemento: Éter

Tratamento do Chacra 5

Doenças Físicas	Distúrbios Comportamentais
Boca Cordas vocais Dentes Garganta Maxilares Ombros Ouvidos Pescoço Sistema respiratório	Dificuldade em ouvir os comandos em treinamento Excessivamente barulhento Mentira Pouco comunicativo Problemas na garganta

6. Chacra: frontal (terceiro olho)

Localização: Entre os olhos, acima do nariz.

Glândula: Pineal

Ligação: Hemisfério cerebral esquerdo, lados da cabeça, testa, orelhas, nariz, sistema nervoso. Intuição e sensações. Recepção sensorial do meio externo e transmissão ao cérebro. Desenvolvimento extrafísico, receptor e transmissor de energia vital.

Em equilíbrio: Intuição, imaginação, visualização, concentração.

Desequilíbrio: Dores de cabeça, problemas de visão, falta de concentração.

Para equilibrar: Períodos de meditação com o animal

Cor: Azul índigo

Elemento: Energia etérica (telepatia)

Tratamento do Chacra 6

Doenças Físicas	Distúrbios Comportamentais
Base do crânio Cabeça Glândula Pineal Olhos Ritmos naturais do corpo Sistema Nervoso Testa	Distante Distraído Ilusão Problemas visuais

7. Chacra: coronário

Localização: Topo da cabeça, entre as orelhas.

Glândula: Pineal (sistema nervoso central e a medula)

Ligação: Crânio, hemisfério cerebral direito, córtex cerebral, olho direito. Controla todos os aspectos do corpo e da mente animal. Ligação da matéria com a força superior. Associado à paz, serenidade, equilíbrio, libertação e sabedoria.

Em Equilíbrio: Inspiração, sabedoria, consciência cósmica, espiritualidade, paz, serenidade.

Desequilíbrio: Depressão, falta de inspiração, desconexão, separação do todo.

Equilibrar: Música suave, meditação.

Cor: Violeta

Elemento: Energia cósmica

Tratamento do Chacra 7

Doenças Físicas	Distúrbios Comportamentais
Cérebro Coluna Córtex Cerebral Glândula Pituitária Pele Sistema Craniossacral Sistema Nervoso Autônomo Sistema Nervoso Central Vias Neurais	Apego Depressão Excessivamente emocional Recolhimento

8. Chacra: braquial

Localização: Dos lados do corpo, na altura dos ombros.

Glândula: (Associado ao Plexo Braquial de Nervos, uma importante rede de nervos da cabeça, pescoço e peito.).

Ligação: Chacra mais importante de um animal, afeta diretamente todos os outros chacras. Através desse Chacra a energia é enviada ao corpo inteiro. Canal de acesso aos outros chacras maiores, útil no tratamento de animais nervosos e agitados, que não permitem o toque em outros locais do corpo, também para animais muito sensíveis ou muito pequenos. Exerce importante papel no vínculo entre os animais e os seres humanos.

Em equilíbrio: Envia energia para todos os outros chacras

Desequilíbrio: Falta de energia, apatia, desinteresse.
Equilibrar: Coçar e carinho nessa área (área muito sensível, pode ser dolorosa)
Cor: Preto
Elemento: Energia vital

O Plexo Braquial é um grande Plexo Nervoso que origina os nervos que inervam o membro torácico. Os seres humanos possuem o Plexo Braquial (o membro superior é inervado pelo Plexo Braquial, que está situado no pescoço e na axila), porém não tem Chacra Principal nessa área.

Bud-chacras (Botão) (6)

Localização: Nas 4 patas (almofada, casco, etc.) e sobre a abertura da base de cada orelha.
Ligação: Conexão do animal com as energias da terra e são muito sensíveis às vibrações energéticas. Ao perceberem pontos de energia positiva, os animais se deitam sobre eles para absorverem as boas energias através dos chacras Umbilical e Básico. No caso dos gatos, percebem as energias negativas e se deitam sobre eles para transmuta-las em energias positivas.
Cor: Anéis de luz, de várias cores misturadas com centelhas brancas (os dos ouvidos alternam-se entre o amarelo pálido e o azul brilhante, quando despertos ou estimulados).

Chacras secundários (menores) (21)

Localização: Encontrados em todo o corpo. São centros sensoriais, os mais importantes localizam-se na ponta do nariz, na cauda e nas orelhas. O "sexto sentido" dos animais está relacionado com seu principal centro sensorial, um dos 21 chacras secundários, que está localizado na ponta do nariz.

Ligação: Regulam os sistemas sensoriais.

O gato é um animal especial, sob o ponto de vista energético, por ter a capacidade de aspirar as energias negativas do ambiente. Provavelmente por isso, ele gasta muitas horas dormindo.

As glândulas do gato são muito semelhantes em termos de localização às do cão. Não existem mais glândulas. Em alguns estudos, clarividentes percebem um número maior de chacras (ou secundários mais proeminentes). Por esse fato pode-se perceber que o gato é um ser energético especial. Os Chacras Cardíacos fazem um triângulo. Um dos pontos (verdes) está perto do Coração, outro do Timo e outro da Medula Dorsal.

O Plexo Braquial (8) é uma encruzilhada de nervos, linfonodos e vasos sanguíneos.

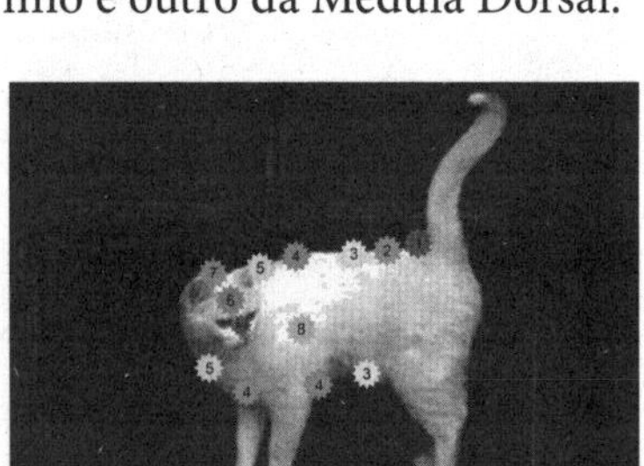

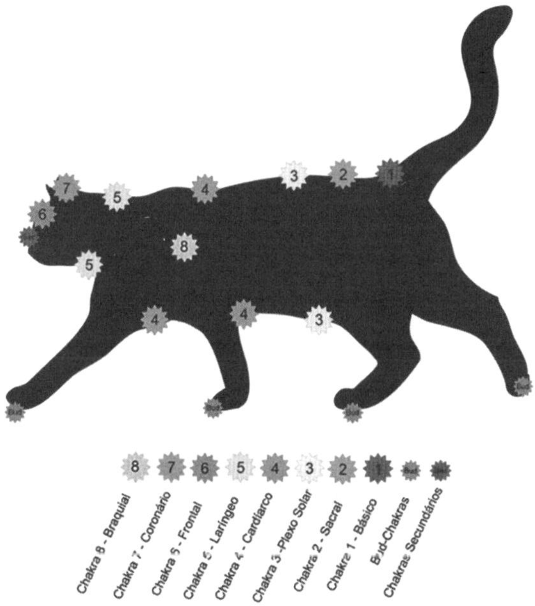
Chakra 8 - Braquial
Chakra 7 - Coronário
Chakra 6 - Frontal
Chakra 5 - Laríngeo
Chakra 4 - Cardíarco
Chakra 3 -Plexo Solar
Chakra 2 - Sacral
Chakra 1 - Básico
Bud-Chakras
Chakras Secundários

Chakra 8 - Braquial
Chakra 7 - Coronário
Chakra 6 - Frontal
Chakra 5 - Laríngeo
Chakra 4 - Cardíarco
Chakra 3 -Plexo Solar
Chakra 2 - Sacral
Chakra 1 - Básico
Bud-Chakras
Chakras Secundários

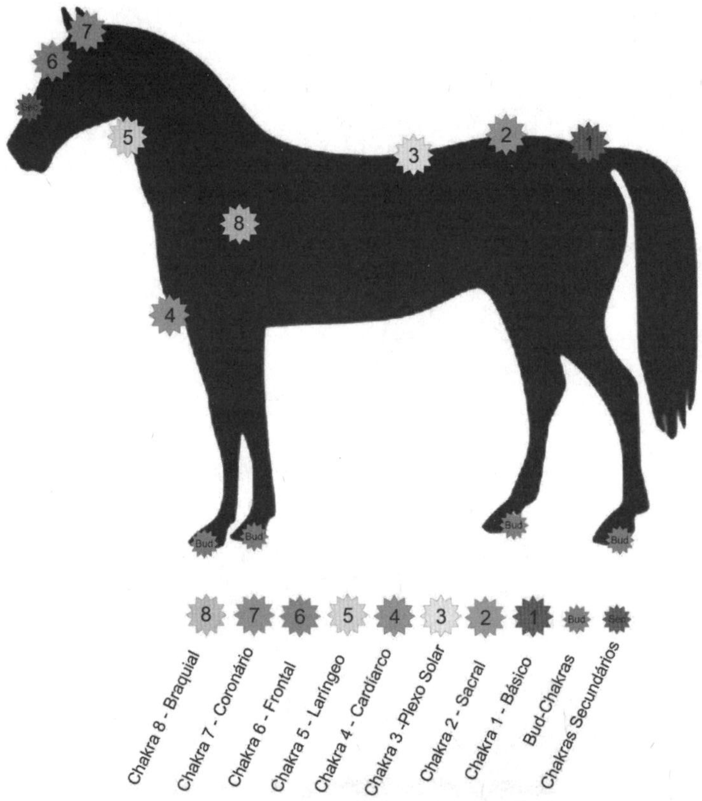
Chakra 8 - Braquial
Chakra 7 - Coronário
Chakra 6 - Frontal
Chakra 5 - Laríngeo
Chakra 4 - Cardíarco
Chakra 3 -Plexo Solar
Chakra 2 - Sacral
Chakra 1 - Básico
Bud-Chakras
Chakras Secundários

Chacras, doenças físicas e distúrbios comportamentais

As doenças podem afetar o comportamento. Sempre use a medicina convencional e os médicos veterinários. Jamais deixe eventuais tratamentos.

Como apresentado nas tabelas de cada chacra, existe uma intima relação entre o funcionamento dos Chacras, eventuais doenças físicas e distúrbios comportamentais.

A estabilização, limpeza e energização dos chacras, tratamento que dão estabilidade e harmonia aos vórtices de energia trazem rápido reflexo nos comportamentos dos animais e, por influência energética, atuam sobre as doenças.

No ritual de Umbanda, esse tratamento fica inteiramente a cargo da Entidade incorporada, que através das ferramentas que dispõe, como a energia das ervas, cantos, pedras e principalmente o passe espiritual, busca os tratamentos físico e energético.

Depressão em Animais

Assim como nos humanos, a depressão e a tristeza podem se abater sobre os animais.

O disparo destes sentimentos ocorre por vários motivos. Os mais comuns são:

1) Mudança brusca de rotina;

2) Confinamento em espaços muito pequenos;
3) Viagem ou abandono do tutor;
4) A morte do tutor.

Os sintomas mais comuns nos animais são a agressividade, a apatia e a perda de apetite. Por vezes, ficam desinteressados por brincadeiras e passeios e, em casos mais avançados, praticam a automutilação, mordendo patas, rabos e arrancando pelos causando feridas na própria pele.

Como tratamento, é fundamental encontrar a causa do problema e mudar a rotina do animal. Se este passa o dia sozinho, deve-se arrumar companhia para ele, de humanos ou de outros animais. Aumentar o espaço caso esteja em espaços pequenos. Aumentar a interação com humanos.

Em casos mais graves, já existe o tratamento com medicamentos antidepressivos, receitados por veterinários. Existem também tratamentos complementares, como Reiki, florais e tratamentos espirituais.

Tratamentos paliativos em fase terminal e em doenças graves

Os animais sentem dor da mesma forma que os humanos, pois a fisiologia é bem parecida. O que dói em nós também dói neles. Uma dor aguda indica a presença de alguma doença e se não tratada, esta dor aguda pode se tornar crônica e não existem remédios que eliminem de forma eficaz esta dor.

Por isso, devemos buscar diminuir o sofrimento para aumentar a qualidade de vida dos animais, mesmo que seja em seus últimos dias ou meses de vida.

Apesar de existirem muitos estudos sobre as dores, formas de aliviá-las e preveni-las em animais, os tratamentos ainda não são totalmente eficazes. Existem poucos profissionais especialistas nos mecanismos da dor e técnicas para o controle de um quadro doloroso.

Como a dor física afeta também o estado emocional, o stress do estado doloroso aumenta o nível de cortisol e, em consequência, os animais apresentam alterações de comportamento que afetam sua recuperação ou o alívio do problema. Por isso, quanto mais cedo iniciar o tratamento, melhores os resultados dos tratamentos e terapias.

O uso de cuidados paliativos é compaixão pura, visto o sofrimento do animal e tutor, buscando dar maior conforto e a melhor qualidade de vida possível.

Quando um animal é diagnosticado com um doença degenerativa, crônica ou incurável, utiliza-se os cuidados paliativos. Deve-se considerar o estado físico com sintomas como perda de apetite, náuseas, insuficiência respiratória, fadiga e dor. Alguns sintomas podem ser aliviados com medicamentos e outras técnicas como fisioterapia, acupuntura, passe espiritual ou reiki.

O estado emocional do animal também deve ser avaliado, cujos sintomas mais comuns são a tristeza, medo e depressão. Os tutores podem manifestar estes mesmos estados durante uma doença grave em seu animal. Ambos, animal e tutor, devem ser tratados, sempre com acompanhamento médico e veterinário.

Alguns tutores que nem acreditam em tratamentos naturais como reiki e passe espiritual, passam a aceitar com a esperança de conforto para seu animal. O importante é que haja a busca para minimizar o sofrimento, físico e emocional.

Ainda é raro nas clínicas veterinárias a recomendação de tratamento de cuidados paliativos, talvez por falta de informação ou pelos custos envolvidos. Mas é certo que os animais são considerados cada vez mais, como seres importantes para seus tutores, alguns considerados como a própria família.

A demonstração disso atualmente é que muitos tutores fazem de tudo ao seu alcance para ter a companhia do seu animalzinho, provendo conforto e bem-estar.

Eutanásia Animal

Eutanásia, do termo grego "EU" que significa "BOM" e "THANATOS" que significa "MORTE", podendo-se compreender como "Morte Boa" ou "Morte sem sofrimento". Eutanásia é o ato intencional de proporcionar ao animal uma morte indolor, aliviando o sofrimento causado por uma doença incurável ou dolorosa, realizada por um profissional veterinário mediante pedido expresso do tutor.

Em relação à eutanásia, talvez a grande dificuldade seja a tomada dessa decisão e entender quais os fatores que influenciam esse momento.

A morte é um conceito não tão bem compreendido por não se saber exatamente o que acontece na hora da morte. Já a dor, o medo e o sofrimento são coisas que se conhecem muito bem, e considerando que os animais são seres que sentem e percebem dores e emoções, devemos sempre estar alertas a isso e darmos atenção ao bem-estar dos animais, inclusive na hora da morte.

E quando se deve recomendar/fazer uma eutanásia?

Segundo recomendação do Conselho Federal de Medicina Veterinária, "a eutanásia é indicada quando o bem-estar do animal estiver comprometido de forma irreversível, sendo um meio de eliminar a dor e/ou sofrimento dos animais, os quais não podem ser controlados por meio de analgésicos, sedativos ou de outros métodos". Quando visto desta forma, a eutanásia pode ser encarada como o "analgésico final". Assim, não se vê a eutanásia como o ato de "tirar a vida do animal", mas como cessar a dor e o sofrimento.

Cabe ao veterinário a orientação aos tutores sobre as opções disponíveis ao animal, eventuais tratamentos possíveis e qual o prognóstico para a evolução do quadro e para o animal, estimando tempo de vida. Após todo o processo explicado, cabe ao tutor a decisão, sempre proibido o procedimento de eutanásia sem a autorização expressa do tutor.

Na execução do procedimento, todo o respeito e amor ao animal deve ser empregado, de forma que se evite a dor e sofrimento do animal, mantendo-se o bem-estar do animal durante o procedimento. Novamente, segundo o "Guia de Boas Práticas" do Conselho Federal de Medicina Veterinária, alguns pontos que devem ser observados durante a eutanásia:

1) Elevado grau de respeito aos animais;
2) Ausência ou redução máxima do desconforto ou da dor;
3) Inconsciência imediata seguida de morte;
4) Ausência ou redução máxima do medo e da ansiedade;
5) Segurança e irreversibilidade;
6) Ser apropriado para a espécie, idade e estado fisiológico do animal em questão;
7) Ausência ou mínimo impacto ambiental;
8) Ausência ou redução máxima de riscos para os presentes no ato;
9) Treinamento dos responsáveis pela execução da eutanásia para agir de forma humanitária, sabendo reconhecer o sofrimento, grau de consciência e a morte do animal;
10) Ausência ou redução máxima de impactos, emocional e psicológicos negativos, em operadores e observadores.

Existem mais de vinte formas diferentes para eutanásia, entre métodos químicos e físicos, recomendados pelo CFMV, em geral utilizando-se da injeção letal para animais domésticos. Porém, a droga ou conjunto de drogas que levarão à morte somente serão ministradas após o uso de um anestésico geral, incluindo analgesia, normalmente o mesmo utilizado em cirurgias, mas numa dosagem muito mais alta.

O animal sofre? O que o animal sente? O que acontece durante a eutanásia?

A finalidade da eutanásia é cessar a dor e o sofrimento, então o procedimento também deve estar com este norte. Por ele ser anestesiado com uma anestesia geral, ele fica inconsciente e incapaz de sentir qualquer tipo de dor.

A ansiedade do animal pode acontecer, mesmo porque existe a ansiedade dos tutores que, antes do procedimento, tem todo o direito de se despedirem de seu animal e de estarem presentes no momento.

Dependendo do princípio ativo e em poucos casos, o animal pode apresentar alguns espasmos musculares que são reflexos involuntários, ou mesmo urinar ou defecar. Nenhum destes eventos significam qualquer dor/sofrimento ou consciência do animal, apenas é um relaxamento muscular que está acontecendo.

E depois da Eutanásia?

É necessário pensar na destinação do corpo do animal. Existem cemitérios de animais, crematórios ou mesmo deixar nas próprias clínicas que darão a correta destinação.

Para superar o luto, é recomendável colocar esse sentimento para fora, como fazer uma homenagem ao animal, criando um local-memorial, publicando uma foto, escrevendo um poema e tendo alguém com quem contar nesse momento de perda e luto. Pode-se procurar grupos de apoio físicos e virtuais, hoje em dia bastante difundidos, ou mesmo o apoio profissional de um psicólogo.

E lembre-se que se houver outros animais em casa, eles também podem estar passando pelo processo de luto, e também precisem do seu apoio. Na medida do possível, mantenha a calma perto deles, dando apoio para os animais que ficaram.

Se pensa em adotar um novo animal, mas ainda sofre com o luto daquele que se foi, adie por algum tempo essa decisão para que evite frustrações. É natural que existam comparações entre aquele que se foi e aquele que acabou de chegar, e o novo animal nunca vai substituir aquele que partiu. Espere passar o sofrimento e adote o novo quando estiver bem.

E por fim lembre-se de todas as alegrias e momentos em que vocês conviveram, toda a cumplicidade e amor que houve e que sempre haverá, agora num plano mais elevado.

CAPÍTULO 3

Parte Prática da Gira dos Animais

- Voluntariado
- Preparação do Corpo Mediúnico
- Orientações aos Tutores
- Ritual
- Divulgação do Trabalho
- Controles e Planilhas Estatísticas

Recrutamento de Voluntários

O trabalho com animais é uma delícia. O encantamento, a magia e o ambiente que se formam no momento em que se reúnem animais e amantes de animais na mesma sala é de enorme proporção. Esse ambiente já é extremamente convincente para que apareçam voluntários para o trabalho, interessados em participar mais de perto desta egrégora.

Porém, é importante lembrar que o trabalho com animais ainda é um trabalho, e somente o deslumbre talvez não seja suficiente para que a pessoa se mantenha firme no trabalho.

Por isso, durante o processo de recrutamento de voluntários é importante que os pontos principais do trabalho sejam colocados de forma clara e direta.

É evidente que o trabalho é gostoso, singelo, carregado de amor e bondade. Mas há de se ter consciência do trabalho que ocorrerá, da necessidade de instrução no trato com os diferentes animais que aparecerão para o atendimento, das necessidades básicas que devem ser atendidas, da segurança a ser utilizada, da higiene, dos ruídos, e de tantos outros detalhes.

O atendimento espiritual é o ponto alto de todo o trabalho. Mas para termos condições de chegar a este ponto, não podemos utilizar somente a mediunidade, deixando todo o trabalho físico para os guias. Cabe aos membros o preparo necessário para se atingir tal ponto.

O trabalho não é incorporar e atender. Há todo um preparo anterior: preparação do templo com condições de receber em segurança os vários animais e tutores no mesmo ambiente, a limpeza adequada, os equipamentos e instrumentos e todo o lado material. Isso forma a egrégora.

No trabalho de recrutamento, inicialmente deve-se explicar o trabalho com breve palestra, preferencialmente antes e após o candidato a voluntário ter assistido como consulente pelo menos duas giras, apresentar a necessidade de preenchimento de documentação, falar da importância da vacinação e uma instrução mínima sobre cuidados na manipulação de animais, da energia e campo áurico dos animais e outras informações relevantes.

Segue um roteiro sobre como fazer o recrutamento, deixando claro que é apenas uma sugestão, podendo ser inseridos e/ou retirados itens para melhor adequação ao seu processo:

- Assistir a uma Gira e inscrever-se formalmente como candidato a voluntário;
- Participar de uma breve palestra sobre o trabalho e detalhes internos:
  - » Horários, frequência e comprometimento;
  - » Informações no cuidado na manipulação dos animais;
  - » Correta higienização do local, das mãos, tendo ou não presença de dejetos;
  - » Montagem física do local;
  - » Vacinações importantes (pré-exposição);
  - » Os diversos trabalhos dentro da Gira, como Médium Incorporante, Cambone, Apoio, Recepção.
- Preenchimento de um Termo de Ajuste de Conduta e Responsabilidade, nome dado a um documento com o compromisso de voluntariado;

- Assistir novamente a uma Gira, agora com conhecimento do trabalho, antes de participar da sua primeira Gira de Atendimento;
- Participar de um treinamento sobre pontos importantes:
  » Campo áurico e chacras dos animais;
  » Temperamento dos animais e como manipulá-los.

Estes pontos levantados, e ainda outros que julgo importantes para os trabalhos e para a vida pessoal dos médiuns, serão descritas detalhadamente no capítulo de Preparação do Corpo Mediúnico.

Termo de Ajuste de Conduta e Responsabilidade

Como forma de dar segurança à Instituição onde ocorrerão os atendimentos e dar instrução aos membros que participarão dos trabalhos, há a necessidade de firmar um Termo de Ajuste de Conduta e Responsabilidade, que deve ser assinado pelo responsável da Instituição e pelo membro. Este Termo deve conter, no mínimo, os principais tópicos que regulam o trabalho, como:

- Frequência dos trabalhos e frequência mínima dos membros;
- Vacinação necessária;
- Responsabilidade do Membro em caso de acidente;

- Restrição a Membros gestantes ou lactantes;
- Conhecimento sobre manipulação dos animais;
- Higiene e limpeza necessária;
- Eventuais contribuições para manutenção do trabalho.

Este Termo assinado, com timbre da Instituição, também servirá como documento obrigatório a ser apresentado junto aos Posto de Saúde da Rede Pública para vacinação.

Como exemplo, segue na próxima página um modelo de "Adendo ao Termo de Ajuste de Conduta e Responsabilidade".

Práticas Seguras e Vacinas Necessárias

Existem particularidades no atendimento de animais em comparação com o atendimento de humanos que, à primeira vista, são simples alterações de alguns procedimentos, mas que estudados mais a fundo, tem reflexos mais profundos.

Toda uma pesquisa foi realizada junto a alguns órgãos antes do início deste trabalho, cujos resultados geraram a base para o desenvolvimento de práticas seguras, tanto para os médiuns quanto para os animais e seus tutores. Dentro dos órgãos consultados, estão:

ADENDO AO TERMO DE AJUSTE DE CONDUTA E RESPONSABILIDADE
(Atendimento Público aos Animais)
Nome da Instituição

CONSIDERAÇÕES:

1º) Considerando que (Nome da Instituição), daqui a diante denominado "Templo" e o Sr. ou Sra. ______________________________, portador do CPF nº ______________, daqui em diante reconhecido como MEMBRO VOLUNTÁRIO já celebraram anteriormente o Termo de Ajuste de Conduta e Responsabilidade;

2º) Considerando que o MEMBRO VOLUNTÁRIO tem interesse na participação do Atendimento Público aos Animais, que serão realizados nas dependências do TEMPLO;

Ficam acordados, através deste Adendo ao Termo de Ajuste de Conduta e Responsabilidade, os seguintes tópicos específicos, mas não limitados a este, sobre o Atendimento Público aos Animais:

O MEMBRO VOLUNTÁRIO, sabedor que o Atendimento Público aos Animais é de cunho voluntário, deve observar as seguintes exigências:

a) Frequência, conforme adotada no Termo de Ajuste de Conduta e Responsabilidade;
b) Não haverá qualquer contribuição extra ao TEMPLO àquela já acertada no Termo de Ajuste de Conduta e Responsabilidade;
c) Participar das reuniões internas do Grupo de Atendimento Público aos Animais (GAPA) quando solicitadas pelos sacerdotes e dirigentes do TEMPLO;
d) O MEMBRO VOLUNTÁRIO, por se tratar de animais, deve manter em dia as vacinas (profilaxia pré-exposição), que podem ser recebidas em Postos de Saúde da Rede Pública:
    i. Vacina Antirrábica Humana;
    ii. Vacina Antitetânica.
e) O MEMBRO VOLUNTÁRIO, gestante ou lactante deve, por motivo de segurança, se afastar temporariamente dos Atendimentos Públicos, informando o TEMPLO;

Tendo a segurança como caráter primordial, é necessário que o MEMBRO VOLUNTÁRIO:

a) Tenha conhecimento sobre a manipulação segura de animais;
b) Mantenha higiene individual entre os Atendimentos (lavar as mãos, uso de álcool-gel, etc.), evitando eventual contaminação entre animais;

São Paulo, _____ de ____________________ de _______

____

TEMPLO

____

MEMBRO VOLUNTÁRIO

Conselho Regional de Medicina Veterinária do Estado de São Paulo

Em São Paulo, Rua dos Apeninos, 1088 – bairro do Paraíso – São Paulo/SP, telefone (11) 5908.4799.

Segundo o CRMV, não há qualquer impedimento para o atendimento espiritual/passe mediúnico aos animais. Entretanto, é expressamente proibido a prática de receita de medicamentos (alopáticos ou homeopáticos), bem como qualquer procedimento físico (injeções, raspagens, cortes, inalações, cirurgias, etc.). Neste ponto, foi recomendado que nem mesmo alimentos fossem oferecidos aos animais, visto que poderiam interferir em alguma dieta anteriormente receitada por um veterinário. A não observância destes itens poderiam configurar "exercício ilegal da profissão", contravenção prevista no Art. 47 da Lei das Contravenções Penais (Decreto Lei 3688 de 03-10-1941).

Instituto de Infectologia Emilio Ribas (Centro de Imunização)

Em São Paulo, Av. Doutor Arnaldo, 165 – bairro do Pacaembu – São Paulo/SP, telefone (11) 3896.1200.

Informações referentes às vacinas necessárias para o atendimento seguro no trato com animais.

UBS Osvaldo Marasca Junior

Em São Paulo, Av. Dom Pedro I, 594 – bairro Vila Monumento – São Paulo/SP, telefone (11) 2272.8619.

Documentos necessários, prazos e formas de imunização com a Profilaxia Pré-Exposição Antirrábica e a vacina Dupla-Adulta (contra Tétano e Difteria).

Médicos Veterinários

Em conversas com alguns profissionais, foram questionados quais pontos teriam maior relevância no atendimento espiritual, do ponto de vista de um médico veterinário. Algumas orientações quanto à assepsia dos membros no momento dos atendimentos, como a utilização de álcool gel, a limpeza do local entre os atendimentos (problemas de pele podem ser transmitidos se animais estiverem nos mesmos locais), a vacinação necessária dos membros, a segurança quanto a animais mais agitados (talvez uso de focinheira) e caixas de transporte para gatos.

Preparação do Corpo Mediúnico

O Corpo Mediúnico do trabalho de Umbanda com os Animais, às vezes chamados de trabalhadores e outras vezes de médiuns deve ser preparada e instruída quanto aos seus afazeres antes, durante e depois das Giras. A disciplina na realização das tarefas físicas é de suma importância para o bom desempenho dos trabalhos espirituais.

Assim separamos, para melhor coordenação dos trabalhos, os médiuns em três grandes grupos: Apoio, Cambones e Médiuns de Atendimento.

Os médiuns do Apoio são os responsáveis pela parte da recepção, entrada dos consulentes, fichas e listas de presenças, e acomodação em seus lugares. Durante a Gira ficam de prontidão para auxiliar os atendimentos, se solicitados pelos cambones, para eventuais limpezas, orientações e cuidados com os animais e tutores.

Os Cambones, antes da Gira iniciar, buscam auxiliar o pessoal do Apoio no que for necessário, desempenhando as mesmas tarefas. Durante a Gira auxiliam a Entidade Incorporada nos atendimentos, desde a limpeza da baia de atendimento entre um animal e outro, como a limpeza das mãos do médium incorporado, com álcool gel, e durante o atendimento, anotando o que for importante como informação ao consulente, participando e ouvindo o atendimento, sendo totalmente discreto e sem interferir.

Os Médiuns de Atendimento são os que irão incorporar seus Guias e realizar os atendimentos espirituais.

Importante ficar bem claro que, antes e depois da Gira, todos devem participar de todas as tarefas comuns aos demais médiuns e o trabalho de todos é importante e necessário.

A critério do Dirigente ou do Guia Chefe do Trabalho, pode-se revezar os médiuns entre Apoio, Cambones e Atendimento, desde que todos estejam devidamente preparados e seguros para suas tarefas.

Dentre os tópicos que todos devem saber e desempenhar, podemos citar:

Em trabalhos de Umbanda, quem atende são as Entidades

O médium deve ter a mínima interferência nos momentos de atendimento com os Guias e Entidades, sendo apenas um veículo para trabalho. A boa incorporação ocorre de forma passiva, quando, apesar do médium estar consciente do que acontece, permite que o Guia trabalhe sem suas interferências. O processo de incorporação é uma parceria, onde os conhecimentos são compartilhados, mas o trabalho é realizado pelo Guia.

Caboclos, Pretos-Velhos, Erês

Todas as linhas de trabalho podem ser chamadas para a realização do trabalho, inclusive existem linhas muito voltadas para a área de cura, como a Linha do Oriente. Porém, inicialmente demos prioridade em trabalhar com as três linhas de trabalho mais presentes na Umbanda, que fazem, a meu ver, um tripé: Caboclo com sua energia e força, Preto-Velho com sua sabedoria e poder de transmutação e os Erês cuja alegria e amor a tudo transforma.

Os animais durante a Gira enxergam as entidades como elas são, e imaginamos que eles vejam auras de intensa luz. Por isso, é importante que os Guias ao iniciarem um atendimento, se aproximem lentamente, dando tempo para o animal se acostumar com essa presença.

Vivenciamos uma experiência que comprova esse fato: um dos médiuns, adulto, foi em cada bichinho presente antes do início da gira e, de posse de uma máquina fotográfica, registrava a presença de todos os animais. Nesses momentos de fotografia e pose, o médium fez cafuné e acariciou todos os animais, sem nenhum empecilho. Ao começar a gira, o mesmo médium incorporou um Erê, e este foi até os animais que estavam sendo assistidos. Ao se aproximar de um cachorro, este olhou-o com apreensão e rosnou, latindo um latido de advertência, ao passo que o tutor olhou para o Erê e para o cambone que o acompanhava e disse: "Desculpe, mas o cachorrinho não gosta de crianças". Esse fato ocorreu algumas vezes, em dias diferentes com animais diferentes, o que demonstra que os animais veem "algo além" do médium incorporante.

Compromisso com a Espiritualidade e com o Trabalho

O comprometimento, a frequência e assiduidade são fundamentais para todo e qualquer trabalho espiritual. Não somente os tutores e seus animais estão aguardando para que o atendimento comece, como também o Plano Espiritual que se apresenta para realizar os tratamentos. O compromisso do médium é veementemente solicitado nas giras para que toda a egrégora se fortaleça a fim de que os atendimentos sejam os mais proveitosos e salutares.

Termo de Compromisso - assinado

A assinatura de um "termo de compromisso" é um passo que atende duas frentes importantes: a primeira é conscientizar o médium da importância da constância nos trabalhos; a segunda é um resguardo do terreiro em casos de eventuais acidentes que, apesar de nos parecerem raros e improváveis, podem ocorrer. Este "termo de compromisso" deve ser assinado e guardado nos arquivos do terreiro

Vacinas Antirrábica e Antitetânica

Exatamente pelo fato de se resguardar de acidentes, todos os trabalhadores devem estar vacinados contra a Raiva e o Tétano. Estas vacinas têm longa atuação e, ao longo de todo o trabalho permitem que os trabalhadores exerçam suas funções de maneira mais tranquila a respeito de doenças.

Fazer/ajudar no que for necessário

A disposição do corpo mediúnico não deve ser apenas na Gira. Há todo um trabalho anterior e posterior que deve ser executado e é de responsabilidade de todos. Essa disposição nos indivíduos gera uma equipe mais entrosada, coesa e forte.

Cuidados com higiene pessoal (procurar não ficar descalço)

Claro que a higiene pessoal é importante, desde um banho bem tomado até evitar o uso de perfumes fortes por causa dos animais. Corpo limpo é uma atitude de respeito também com as Entidades.

Outro ponto a ser ressaltado é que é comum que os médiuns, incorporados ou não, tirem seus calçados para ficarem com o "pé-no-chão", e sabemos que muitas entidades assim o preferem. Porém é necessário lembrar que circularão pelo mesmo chão animais que, em alguns casos, podem ter problemas de pele, viroses e outras doenças transmitidas pelo contato, além de haver a possibilidade dos bichinhos urinarem/defecarem no local. O uso de calçados deve ser estimulado.

Além dos calçados, o correto manuseio dos dejetos (papéis toalhas para urinas, luvas de silicone para a manipulação de fezes e outros) deve ser ensinado a todos os trabalhadores.

Uniformes

O uso de uniformes por todos os trabalhadores traz muitos benefícios. Este uniforme pode ser algo simples, como uma camiseta, ou mesmo integrar o uniforme já utilizado pelo terreiro. O ideal é que este uniforme tenha alguma identificação que distingue o trabalho dos animais.

Este uniforme, além da ideia de organização e limpeza, traz à mente dos trabalhadores o sentimento de grupo, união e, consequentemente, harmonia.

Quem puder trazer doações para os animais

No capítulo sobre doações falarei da importância do ato, mas é importante que todos os trabalhadores saibam quais doações são aceitas, quais instituições estão recebendo as doações, qual a periodicidade da entrega e a importância que cada doação tem para o trabalho.

Podem trazer flores e ervas para o dia da Gira

Para o atendimento não se recomenda o uso de velas pelo risco de um animal esbarrar e se queimar. Também é desaconselhado o uso de incenso/defumação, essências fortes, charutos, cachimbos, pois os animais são muito sensíveis a cheiros.

O uso de pedras, flores e ervas para o atendimento, para uso da Entidade pode ser permitido, desde que haja um cuidado para que a animal não tenha um contato direto com as plantas, em especial não ingeri-las.

Todos devem estar preparados para todas as funções

Todos os médiuns devem ser preparados, treinados e estarem aptos a todas as funções, em especial às necessidades dos consulentes. Quer seja do Apoio, Cambone ou de Atendimento, o médium deve saber com precisão todos os passos do ritual, conhecer as formalidades com fichas e listas de presença, estar apto a realizar uma limpeza emergencial e ter condições de sanar quaisquer dúvidas. Para isso, deve se envolver na equipe, vindo às reuniões extra-giras e estar disposto a ajudar no que for necessário.

Preparo emocional

Todo trabalho de atendimento, seja específico de cura ou não, traz uma carga emocional que não deve ser somatizada pelo médium. O trabalho, seja com animais ou humanos, deve ser feito pelo Guia, que dirá o que deve ser feito. Uma vez encerrado o atendimento, o médium deve deixar, se possível esquecer, o que foi dito e/ou realizado. Mesmo que não se consiga isso, todos devem ter em mente que não se deve envolver emocionalmente com qualquer questão.

Uma das frases mais significativas sobre o atendimento é "o que começa aqui, termina aqui", significando, em especial, duas coisas: a primeira é que nada será feito fora do terreiro, como visita ao bichinho, consultas particulares ou outros procedimentos; a segunda é que o médium incorporado que trabalhe durante o atendimento, deixará todo o atendimento no terreiro, não levando consigo nenhuma carga emocional, preocupação ou medo. O atendimento termina quando termina a Gira.

Podem chegar animais médiuns

É comum, entre os consulentes animais, se destacar um ou outro bichinho, que começa a caminhar pelo terreiro, a cheirar, outras vezes brincar e se rolar perto de outros animais. Há ainda casos onde estes animais se aproximam de uma determinada baia de atendimento e se detém ali até o término do atendimento, como auxiliando energeticamente no tratamento.

É percebido por médiuns que estes animais, muitas vezes, são "animais-médiuns" que vieram ajudar nos trabalhos. É necessário ter a sensibilidade de dar-lhes liberdade para realizarem seus trabalhos, ficando atento a eles para que não se envolvam com coisas inapropriadas como velas e ervas.

Após encerramento da Gira

Algumas tarefas são necessárias após o encerramento da Gira e, apesar do cansaço e da vontade de voltar para casa, todos os trabalhadores devem ajudar nessas tarefas, que são, resumidamente, a retirada das baias de Atendimento e material de Apoio, a retirada das cadeiras e delimitadores de espaço, deixando tudo organizado e limpo, através de uma varrição ou pano molhado para retirada de pelos, ou mesmo uma lavagem do local. A rapidez na conclusão dessas tarefas depende da colaboração de todos.

Atuação do Pessoal de Apoio

Parte do trabalho do pessoal de apoio está na preparação de todo o espaço. Neste momento, TODOS OS MÉDIUNS são o pessoal de apoio. Antes da Gira, tais tarefas podem ser:

Arrumar cadeiras/delimitadores de espaço da Gira

Colocar adequadamente cadeiras para os consulentes, que devem ter um espaço maior entre elas do que nos atendimentos de humanos, pois os bichinhos procuram sentarem-se no chão e, isso demanda um pouco mais de espaço, lembrando também que é comum os tutores estarem com mais coisas para acomodar, como caminhas, gaiolinhas, cobertinhas e outros apetrechos dos animais. Também é importante o uso de delimitadores do espaço da gira, como correntes, fitas ou cordas, para deixar claro onde estará a área de atendimento quando os Guias estiverem incorporados.

Cada Entidade e Cambone estarão atendendo os consulentes, tutor e animal, no que chamamos de baia, que pode ser um conjunto de cadeiras para que a Entidade esteja próxima do animal e do tutor, todos como numa forma de círculo. Esta baia deve estar preparada antes da Gira, lembrando da possibilidade de um animal vir com até dois tutores, ou seja, deve haver espaço suficiente para Entidade, Cambone, dois tutores e um animal.

Arrumar maca(s) de atendimento e lençóis descartáveis

Em casos mais complexos ou que exijam uma colocação do animal fora do chão, é bom que se tenha uma maca para atendimento, igual às macas de massagem, devidamente higienizadas com álcool e revestidas com lençóis descartáveis. Pode ser utilizado também o lençol plástico apropriado, desde que seja higienizado com álcool gel entre um atendimento e outro. Estas providências são importantes para evitar o contato de um animal onde outro já tenha sido atendido anteriormente, evitando propagação de doenças de pele ou outras contagiosas.

Água energizada (na mão de cada tutor)

Como já percebido, a água energizada para a continuidade do tratamento em casa do animal é importante. Cabe ao pessoal do Apoio orientar aos tutores que deixem as garrafinhas de água à mão no momento do atendimento. Caso algum tutor não tenha trazido água, o terreiro pode disponibilizar a venda ou doação de garrafinhas de água antes do atendimento.

A entrada

Na entrada, é solicitado aos consulentes o preenchimento de fichas e aposição dos nomes dos animais e responsáveis nas listas de presença. Em caso de retorno do animal, deve-se pegar a ficha do atendimento no fichário, previamente preparado e organizado alfabeticamente para facilitar a busca. Se for a primeira presença do animal, o correto preenchimento da ficha é importante para questões administrativas e estatísticas. Juntamente com a ficha, o tutor ficará com uma senha numerada indicando a ordem do atendimento.

Todo este procedimento deve ser explicado e auxiliado pelo pessoal de Apoio, inclusive na indicação e, se necessário, no auxílio da ida do consulente e animal até as cadeiras internas, onde esperarão pelo atendimento.

Deve-se acomodar os animais e tutores em locais que facilitem a movimentação durante o período de atendimento, se possível, deixando mais próximos os atendimentos classificados como prioridades. Em tal classificação recomenda-se o bom senso para discernir prioridade por emergência ou por necessidade de atenção diferenciada na locomoção.

No caso de emergências, é salutar que o dirigente do trabalho seja avisado para que em caso de necessidade, sejam adotadas medidas diferenciadas.

Apesar de todas as regras e reuniões para definição das melhores práticas na entrada, o pessoal do apoio deve sempre ter em mente que a finalidade do trabalho é o animal e seu bem-estar, e deve sempre facilitar a entrada deste no recinto. Coleiras focinheiras e caixas de transporte são sempre necessárias e estão claramente descritas no folder orientativo e nas chamadas para as Giras. Porém, existem casos em que o bom senso deve imperar, sempre resguardando a segurança dos animais e das pessoas, buscando resolver ocorrências de maneira tranquila sem impedir a entrada de animais. Casos especiais devem ser levados ao dirigente para dirimir questões.

Durante as Giras, após as Entidades Incorporadas e os atendimentos individuais terem começado, continuam algumas tarefas do pessoal de apoio, colaborando externamente, e até internamente nos atendimentos.

Manter portas SEMPRE FECHADAS

Para a segurança dos animais, as portas devem estar sempre fechadas (não trancadas), evitando a saída de animais desacompanhados, que apesar da recomendação de estarem sempre guiados por seus tutores, podem escapar e buscar a saída. Se um gato ou cachorro se solta da coleira ou escapa da caixa de transporte, ficaria muito difícil resgatá-lo em estado de pânico fora do ambiente. Em um ambiente fechado, muito mais fácil capturá-lo e restabelecer a calma no animal. Cuidados devem ser redobrados no caso de aves.

Senhas e Ordem de Chamada

Cabe ao pessoal de apoio o controle da ordem de chamada de cada atendimento, bem como o posicionamento/preparação pré-atendimento dos consulentes e tutores, talvez em uma área prévia anterior ao atendimento.

Auxiliar nas necessidades dos Cambones

Os Cambones e o pessoal de apoio prepararam antecipadamente as baias de atendimento com todo o material necessário para o trabalho. Mas alguns imprevistos podem ocorrer e o pessoal do apoio deve estar presente e atento para tais ocorrências, como uma limpeza emergencial de algum dejeto animal, sempre com o uso de luva descartável, e estar preparado para fornecer material para a higiene aos tutores, sacolinhas, papel, etc., visto que muitos tutores responsáveis preferem fazer a própria limpeza, e esta atitude deve ser incentivada, inclusive como um ato de cidadania.

Eventual saída do tutor/animal (após atendimento)

É incentivado que os tutores e seus animais fiquem até o final da Gira para participarem da Benção Final Coletiva. Entretanto, caso alguém queira sair após o atendimento, e antes do final da Gira, devem ser auxiliados pelo pessoal do Apoio.

Atuação dos Cambones

Antes do início dos atendimentos, é importante que o Cambone verifique pessoalmente a sua baia de atendimento, adequando às características de cada médium incorporante e Entidade que atenderá. Verificar o posicionamento dos banquinhos, a disponibilidade de álcool gel e papel descartável que será utilizado no atendimento, água, ervas, pemba, pedras e outros elementos de uso da Entidade durante os atendimentos.

É fundamental que o Cambone esteja em harmonia com o médium que incorporará, inclusive perguntando sobre o material que será utilizado, antecipando-se o mais possível às necessidades do momento do atendimento, evitando correrias e necessidades durante o trabalho.

Após a incorporação das Entidades, suas saudações e primeiros momentos, serão iniciados os atendimentos. Cabe ao Cambone oferecer água à Entidade, certificando-se que tem todo o material necessário para o trabalho. Os atendimentos se iniciam com a permissão do Guia Chefe do trabalho e, nesse momento, o Cambone pede a permissão à Entidade para trazer o primeiro animal e tutor.

Acomodar os animais e tutores nas cadeiras na área da baia de Atendimento

Neste primeiro momento, deve acomodar os animais e tutores da melhor maneira possível na baia de atendimento, sempre respeitando as eventuais orientações da Entidade. É fundamental o bem-estar do animal neste momento, que fique o mais confortável possível, por exemplo, evitando contato direto com chão frio. Se necessário, auxiliar o tutor com a acomodação do animal, estendendo cobertinhas, caminhas e demais pertences do animal e do tutor.

Durante o atendimento, o Cambone deve estar totalmente comprometido com o momento, atendendo às possíveis necessidades da Entidade, auxiliando em eventuais deslocamentos do animal e materiais.

Ao final do Atendimento na baia

O Cambone deve recolher a ficha do animal que estava em posse do tutor e anotar claramente o dia do atendimento, o nome da Entidade que atendeu e o médium incorporado.

Em seguida, deve indicar e/ou auxiliar a saída do animal e tutor da baia de atendimento, com calma e serenidade.

Em seguida, limpar a área da baia de atendimento, com um papel descartável e álcool-gel ou outro produto de assepsia, de forma muito rápida. Deve lembrar de oferecer água para a Entidade e higienizar as mãos do médium incorporado para só então fazer a chamada de um novo consulente e tutor para a baia, iniciando novo atendimento.

Atuação dos Médiuns de Atendimento (Incorporados)

Também chamados de médiuns confirmados, quando houve uma confirmação pelo Dirigente que o médium tem condições de incorporar e pedir para que seu Guia trabalhe. São médiuns experientes e que tem firme sua incorporação, não interferem no atendimento realizado e têm uma boa bagagem de conhecimento sobre os fundamentos da Umbanda, seu ritual, energias e linhas de trabalho.

Apesar dos atendimentos serem realizados pelas Entidades, sabemos que o trabalho todo parte de uma parceria, onde o médium incorporado tem também responsabilidade sobre o atendimento, devendo ter conhecimentos sobre os atendimentos, o trato animal e o próprio ritual.

O tratamento é para o animal

Apesar da possível fragilidade do tutor, de sua ansiedade e forte esperança colocada no trabalho, a ponto de trazer o animal para o tratamento, deve-se lembrar sempre que o Trabalho é para o animal, tendo foco na questão e no atendimento do animal. Pode-se perguntar a queixa principal ao tutor, mas deve-se cuidar para que esta resposta seja breve e objetiva. Neste momento deve se afastar das dores dos tutores e focar no tratamento do animal.

Trato, cuidado e toque

O trato com o animal deve ser muito bem refletido pelo médium, que pode até estar familiarizado com o convívio com cães, gatos e outros animais, mas deve ser levado em consideração três aspectos: primeiro que o animal possivelmente não conheça o médium; segundo que, como já dito, os animais enxergam algo além do plano material, talvez uma Luz Forte ou uma imagem que ele não entenda e; terceiro que o animal pode estar com dores, debilitado, assustado e com medo. Por tudo isso, os cuidados devem ser redobrados.

Outra coisa importante, é saber onde tocar no animal. Apesar do passe mediúnico não precisar de toque, este pode acontecer. E é exatamente no momento do toque que, dependendo do local, o animal pode se assustar e provocar alguma inconveniência.

Portanto para iniciar o atendimento, deve-se pedir licença ao animal e informá-lo que vai iniciar o tratamento, indicando a ele que fique tranquilo e que todos ali querem o bem dele.

Material de Trabalho

É totalmente desaconselhado o uso de velas, fumo e incenso no atendimento, por causa da alta sensibilidade que os animais têm e à possibilidade de acidente com fogo. O uso de outros materiais pode acontecer, sempre com cuidado para que o animal não ingira, como ervas, águas, pedras, pembas, flores, etc.

Higienização

O médium deve estar preparado para a Gira, limpo e bem arrumado, como um ato de respeito à Entidade que se apresentará para o trabalho. No tocante à higiene, entre os atendimentos deve-se, com o auxílio do Cambone, limpar as mãos com álcool gel, evitando a transmissão de eventuais doenças de pele entre os animais atendidos.

Além do animal

Para a continuidade do tratamento em casa, caso o tutor tenha trazido uma garrafinha de água, pode-se energizar tal água com a benção da Entidade na mesma energia de cura que fluiu durante o atendimento.

E como dito, o atendimento é para o animal, porém é muito salutar que o tutor receba um passe, de forma discreta e rápida, sem chamar a atenção. É sabido que no caso de animais com problemas de saúde, o tutor traz angústias, medos e outros sentimentos que, uma vez transmutados, podem auxiliar no tratamento do próprio animal. Porém, este passe, como já dito, deve ser rápido e discreto, pois o atendimento para humanos é em outra Gira, específica para isso.

E se o animal estiver enfermo, o tutor provavelmente estará fragilizado. Importante lembrar de jamais tirar a esperança da cura, principalmente não dando notícia de morte. Palavras de esperança, atitudes de amor e sempre tendo a fé no que é bom.

Detalhes Importantes

Não é incomum que se apresente uma outra Entidade para o Trabalho com animais que não seja o Guia normal de Trabalho do médium. Aliás, é bastante frequente que um Caboclo ou um Preto-Velho que nunca tenha incorporado no médium se apresente para o trabalho com os animais. Isso pode ser explicado por causa da própria característica do trabalho e da afinidade com os animais.

Correntes de Cura estão se manifestando para minimizar as dores, as enfermidades e as mazelas dos seres encarnados e, no caso dos animais, muitas Entidades de Cura com afinidade com animais estão se apresentando para este trabalho específico. O médium deve apenas liberar seu coração e receber aqueles que se dignam a fazer o bem.

Assim, podemos observar que os trabalhos de atendimento podem ser realizados com a Entidade sentada em banquinhos, em pé e mesmo sentado no chão ao lado do animal. Esta característica varia de Entidade para Entidade, portanto o médium deve estar aberto para o novo.

Mesmo sendo a Entidade a realizar todo o trabalho, inclusive por uma questão legal, NADA DEVE SER RECEITADO, nem banhos, nem chás, nem qualquer medicamento. Não temos informações veterinárias suficientes para qualquer tipo de diagnóstico, portanto, NÃO EXISTE DIAGNÓSTICO. É importante que o tutor seja orientado a sempre MANTER O TRATAMENTO VETERINÁRIO. Qualquer coisa diferente disso, como dar um diagnóstico, receitar algo ou realizar qualquer procedimento físico pode ser encarado como EXERCÍCIO ILEGAL DA PROFISSÃO, que em nosso país está tipificado na Lei de Contravenções Penais.

Em casos graves, o atendimento deve ser realizado pelo Guia-Chefe do trabalho, atendido na maca, devidamente preparada e com Cambone experiente para tal. A maca só será utilizada nos trabalhos pelo Guia-chefe e a critério dele. Em caso de dúvida, deve-se encaminhar as questões ao Guia-chefe.

Orientações aos Tutores

Preleção

Uma das coisas mais importantes num trabalho espiritual sério é posicionar os consulentes sobre onde estão, o que acontecerá, quais as regras e condições que estarão presentes durante o período que estiverem no local.

Além dos informativos, folder e outros meios, é apropriado que estas informações sejam comunicadas de maneira verbal, antes do trabalho ser iniciado. A esta pequena palestra dá-se o nome de preleção. Tal momento deve ser conciso, lembrando que além dos tutores, os animais, muitas vezes não acostumados a sair de suas casas, estão em um ambiente diferente daquele que está acostumado. Portanto, brevidade na preleção é fundamental.

Como roteiro para uma preleção, reproduzo algo que é exposto em nossas giras, sendo importante que se faça as devidas adaptações para cada terreiro/trabalho:

"Bem-vindos ao Terreiro X. Você está num Templo de Umbanda, e será realizado um Trabalho Espiritual para os Animais. Maiores detalhes sobre a Umbanda, o Templo e os trabalhos, consulte nosso site, folhetos ou presencialmente.

Este Trabalho é para o Animal. Se quiser atendimento/consulta para si, deve vir na Gira de Atendimento de Humanos (consulte calendário das Giras).

A Gira dos Animais acontece mensalmente aos sábados das 16h às 18h. Consulte agenda no site ou no folder. A distribuição de senhas ocorre a partir das 15h. Não chegue antes. PENSE NO SEU ANIMAL!

Doações são bem-vindas e serão entregues à Entidades protetoras de animais."

Informações Gerais aos tutores

Ao chegar, assine a Lista de Presença, preencha a ficha de atendimento, desligue o celular, entre e sente-se, seguindo as orientações da Equipe. Tem um folder na recepção com todas as orientações;

Neste momento o Trabalho já está acontecendo, portanto permaneça em SILÊNCIO, procurando se conectar com as Vibrações de Cura que já estão atuando no local;

Procure ficar atento às necessidades físicas do animal (água e necessidades fisiológicas). Mantenha-o confortável e tranquilo;

Cada tutor é responsável pelo seu animal e suas necessidades. A limpeza dos dejetos do animal é de responsabilidade do tutor. Se necessário, solicite ajuda da Equipe;

O animal deve estar sempre com coleira, guias ou em caixas de transporte/gaiolas, devidamente protegido e também deve estar SEMPRE acompanhado do tutor. Jamais deve ser deixado sozinho;

Para maior conforto, traga a cobertinha do seu animal, tapetinho e demais pertences, para que ele não fique no chão frio; temos bebedouro para os animais na recepção;

Não fazemos consulta, não fazemos diagnósticos, não receitamos medicamentos. Isso cabe ao veterinário de seu animal, o qual deve ser consultado e visitado regularmente.

Atenção para a importância das vacinas, vermifugação e castração. Isto é fundamental para a boa saúde de seu animal.

Em caso de tratamento veterinário, independente deste Tratamento Espiritual, NÃO INTERROMPA O TRATAMENTO VETERINÁRIO.

Não é permitido filmar nem fotografar a gira. Eventuais fotos serão registradas por pessoa da equipe, específica para este fim e posteriormente publicadas nas Redes Sociais e site do trabalho.

Algumas orientações para o Atendimento

Serão chamados por senha e encaminhados aos postos de atendimento;

Fique com a ficha preenchida em mãos para entregá-la ao Cambone na hora do Atendimento;

Durante o Atendimento, responda de forma clara e objetiva quando perguntado pela Entidade, procurando ser breve e se atendo às questões de saúde do animal;

O Atendimento Espiritual que começa aqui, termina aqui. Para a continuidade do tratamento em casa, traga uma garrafinha de água para ser energizada durante o Atendimento. A água energizada deve ser dada ao animal durante o mês. Preencha a garrafinha com água filtrada à medida que vai usando;

No caso do animal ausente, impossibilitado de comparecer, pode-se atendê-lo por fotos, roupas ou algum pertence dele. Neste caso é de extrema importância a água para energização, para a continuidade do tratamento;

Todos os nomes dos animais atendidos, e tutores, ficarão na "Mandala de Cura" (ou no Altar) durante todo o mês, recebendo as Vibrações de Cura. Caso deseje colocar o nome de outros animais, haverá um local apropriado para depositar os nomes (caixinha na entrada);

Após o seu Atendimento, retorne ao seu lugar, e se possível permaneça até o final para a Benção Coletiva e Encerramento do Trabalho.

O Ritual é cantado: durante o Ritual, teremos músicas, canto, orações, chamada das Entidades; se souberem as letras, cantem e rezem conosco.

Pedimos uma postura de RESPEITO para com as Entidades e para com o Trabalho Espiritual que está sendo realizado. O seu SILÊNCIO e a sua tranquilidade contribuirão para que os animais permaneçam calmos e serenos.

Hospitais Veterinários Públicos

É sabido que a busca pelo atendimento espiritual aos animais é, muitas vezes, iniciada pela necessidade de amparo físico também. Ao ver seu animal sofrendo, o tutor busca soluções para as doenças físicas e, em paralelo, busca também um conforto espiritual.

Entretanto, frequentemente aparecem tutores sem condições financeiras para os tratamentos veterinários necessários. E como sempre dizemos, independente do encaminhamento do atendimento espiritual, nunca se deve deixar o tratamento médico veterinário. Mas como fazer em casos em que a impossibilidade financeira se faz presente?

Algumas ONGs e clínicas veterinárias se propõem a atender animais carentes por preços menores. Para isso, é importante que se busquem alternativas e parcerias para isso, sem que o trabalho espiritual vire um balcão de indicações de profissionais. Essa jamais deve ser uma finalidade.

O município de São Paulo, observando esta demanda da população carente, possui uma rede ainda modesta, de Hospitais Veterinários Gratuitos, para atendimento é EXCLUSIVO aos munícipes da Cidade de São Paulo e, prioritariamente, àqueles assistidos por programas sociais tais como: Bolsa Família, Renda Mínima, Renda Cidadã ou outro programa equivalente.

A rede de hospital prioriza o atendimento de animais da população de baixa renda do município: quando chega à unidade com os bichinhos, seus donos ou responsáveis são recebidos por uma psicóloga que transmite informações sobre o atendimento. Em seguida, o animal passa por uma triagem onde é avaliado e aguarda para ser atendido.

O serviço veterinário gratuito disponível em São Paulo não faz agendamento e atendimento por telefone. Deve-se comparecer em uma das unidades, de segunda a sexta-feira, das 6h às 10h para retirada de senha, levando seu animal, de posse dos documentos de identidade, CPF e comprovante de residência em nome do tutor que deve estar presente, sem os quais não serão atendidos.

Os hospitais gratuitos, só realizam exames e cirurgias, de pacientes que foram atendidos no serviço. Não são realizadas cirurgias e exames encaminhados de clínicas privadas.

Devido ao crescente aumento na demanda, os atendimentos serão exclusivamente para os casos de Urgência (quando o animal tem uma situação que não pode ser adiada e deve ser resolvida rapidamente) e Emergência (quando há risco de morte iminente) conforme critério médico.

Abaixo descrevo alguns endereços dos Hospitais, que podem ser pesquisados e confirmados no site http://anclivepa-sp.com.br.

Unidade Zona Norte = Av. General Ataliba Leonel, 3194 Parada Inglesa – São Paulo/SP – Telefone: (11) 2478-5305.

Unidade Zona Leste = Av. Salim Farah Maluf, esquina com a Rua Ulisses Cruz, lado par, Tatuapé – São Paulo/SP – Telefone: 2291-5159.

Unidade Mogi das Cruzes = Centro de Bem-Estar Animal: Estrada de Santa Catarina, 2.570, em Cezar de Souza, ao lado do Centro de Controle – Telefone: 11 4699-1957

Unidade Zona Oeste = Rua Manuel Jacinto, 249, bairro de Vila Sônia – Telefone: 11 3530-6008.

Como informações finais, ressalto que os Hospitais Veterinários NÃO possuem serviço de TAXI DOG e também não se responsabilizam pelo transporte de animais. O acesso é limitado a 01 (um) acompanhante para animais de pequeno porte e a 02 (dois) acompanhantes para animais de grande porte. Pede-se o não comparecimento de CRIANÇAS, IDOSOS e MULHERES GRAVIDAS como acompanhantes, devido à grande presença de animais nos hospitais.

Estas iniciativas existem também em outras cidades. Na cidade de Osasco foi inaugurado recentemente o Hospital Veterinário Público de Osasco (HVPO), batizado oficialmente de Hospital Veterinário "Manchinha" (nome em homenagem ao cão morto por um segurança no estacionamento do Carrefour em 2018), é administrado pela ANCLIVEPA (Associação de Clínicos Veterinários de Pequenos Animais).

Doações

É muito comum ver tutores que querem ajudar de alguma maneira com o trabalho ou com Instituições que trabalhem pela causa animal. Mesmo não sendo este o objetivo principal, é muito salutar dar esta possibilidade aos consulentes de ajudar o próximo, no caso, animais carentes.

Cabe ao dirigente e responsáveis pelo trabalho coletar informações sobre Instituições que sejam sérias, idôneas e realmente engajadas no trato animal. Tal seleção deve ser feita à Luz da Razão, pois a responsabilidade em direcionar doações recebidas é até mais importante que receber tais doações.

Durante a preleção é informada a aceitação de doações de rações, roupas, brinquedos, remédios e outras coisas que podem auxiliar Instituições Protetoras dos Animais. Essas doações podem ser recebidas a qualquer momento, em especial no dia da Gira dos Animais.

Mensalmente, ou de tempos em tempos, deve-se fazer o repasse dessas doações às Instituições. Sugere-se que haja algum tipo de registro de entrega de doações, recibos ou mesmo fotos. Essa transparência auxiliará no angariamento de ainda mais doações, causando um círculo virtuoso, onde quanto mais doações entregues, mais doações serão recebidas.

Veja modelo de Registro de Entrega de Doações:

Doações encaminhadas para ______________________________

Endereço: ____

Nome do Responsável: ___________________________________

Data: ____/____/____ Assinatura:_________________________

Lista de produtos entregues em doação:

__________________________, __________________________,

__________________________, __________________________,

__________________________, __________________________,

__________________________, __________________________,

__________________________, __________________________,

__________________________, __________________________,

Ritual

Preparação do Espaço Físico

Alguns itens devem ser verificados com antecedência para o bom andamento dos trabalhos. Estes preparativos já foram vistos detalhadamente na preparação do corpo mediúnico, porém deve-se ressaltar que o trabalho deve ser feito por todos, independente de suas atribuições no dia da Gira.

- Arrumar cadeiras para os tutores/animais;
- Arrumar espaço para preparação para o Atendimento, 2 cadeiras na área interna;
- Arrumar as baias de Atendimento: banquinho, cadeiras, álcool-gel, papel, etc.;
- Preparar mesinha com garrafinhas de água. Se forem cobradas deve haver caixinha para recebimento de preferência que o próprio tutor deposite o valor na caixinha sem intermediários;
- Caixinha para nomes dos animais a serem tratados à distância durante o mês;
- Fichas de Atendimento, Listas de Presença, arquivo com fichas de animais que já vieram;
- Pranchetas, canetas, papeis para anotações;
- Delimitar espaço da Gira, colocar corrente, fita, corda ou outro meio;
- Material Visual de Apoio como Banners e placas;

- Sacos ou sacolinhas para dejetos, papel toalha, álcool gel, luvas;
- Bebedouros em lugares estratégicos, comedouros (se tutor solicitar).

Preparação do Altar / Tronqueira / Mandala de Cura

Altar

A preparação do Altar, colocando velas, pedras, ervas, flores, incenso e outros materiais, bem como imagens e banners devem ser preparados antecipadamente. Se o Altar for fixo, deve estar limpo e organizado neste momento. Se o Altar for móvel, a colocação no lugar apropriado deve levar em conta a circulação de animais e tutores no momento dos atendimentos.

Tronqueira

Firmar a tronqueira com velas, pedras e outros elementos, solicitando aos guardiões da Casa e do Trabalho que protejam a todos e deem o devido equilíbrio e tranquilidade ao trabalho.

Mandala de Cura

Caso opte por manter os nomes dos animais numa "Mandala de Cura", deve ser mantida ativa durante todo o mês, seja com o uso de fogo, pedras ou outro elemento. Outra forma de manter o tratamento aos animais é deixar os nomes no Altar durante o mês, o que será facilitado se este Altar for fixo.

Limpeza pós-ritual

A organização e a limpeza pós-ritual deve ser realizada em conjunto por todos os trabalhadores. Tal trabalho envolve:

- Tirar delimitador de área da Gira;
- Limpeza e organização das cadeiras;
- Guardar materiais específicos utilizados;
- Desmontar o altar (caso não seja fixo);
- Limpeza do chão e do ambiente com varrição, pano úmido ou lavagem.

Pontos para o Ritual

Os pontos cantados (letras musicadas entoadas durante o ritual) trazem mensagens e informações importantes sobre o assunto que está presente no momento, seja a energia de um Orixá, seja a forma como uma determinada Entidade trabalha, seja a área de atuação de uma linha de trabalho ou, até mesmo, comandos de chegada e retirada de Entidades.

Durante os atendimentos a Curimba pode tocar pontos para Orixás, Entidades, pontos de Cura e todos os que julgar conveniente, buscando sempre manter a harmonia e a serenidade do momento.

Cada terreiro tem sua coleção de pontos cantados, suas preferências e características pessoais.

Oração de São Francisco

Senhor, fazei-me instrumento de vossa paz.
Onde houver ódio, que eu leve o amor
Onde houver ofensa, que eu leve o perdão
Onde houver discórdia, que eu leve a união
Onde houver dúvida, que eu leve a fé
Onde houver erro, que eu leve a verdade
Onde houver desespero, que eu leve a esperança
Onde houver tristeza, que eu leve alegria
Onde houver trevas, que eu leve a luz.

Ó mestre, fazei que eu procure mais
Consolar que ser consolado
Compreender, que ser compreendido
Amar, que ser amado.
Pois é dando que se recebe,
É perdoando que se é perdoado,
E é morrendo que se vive para a Vida Eterna.

Sequência do Ritual

Para facilitar a compreensão e o acompanhamento de um Ritual próprio para a Gira dos Animais, montei um roteiro, uma sequência de acontecimentos das diversas etapas do trabalho:

Palavra aos Médiuns

Em sala separada, envolvendo uma breve meditação para serenar os ânimos de todos os médiuns, seguida de algumas palavras do dirigente sobre os trabalhos que se iniciarão.

Preleção rápida

Após o retorno dos médiuns, já na área de Gira, é realizada uma rápida preleção (veja capitulo sobre Preleção). Aí são inclusos também pequenos anúncios e informações pertinentes ao trabalho. Este período deve ser muito breve, lembrando que os animais estão no recinto e é salutar que sua permanência seja a mais breve possível.

Abertura da Gira

Neste momento, pode-se fazer a Oração de São Francisco de Assis ou outras orações apropriadas para o trabalho.

Chamada Orixás

Neste momento, faz-se a Saudação à Esquerda e a oração de abertura.

Pode-se fazer a Oração de São Francisco de Assis ou outras orações apropriadas para o trabalho.

Chamada Guia Chefe

Neste momento, o pessoal do Apoio sai da área de atendimento e tomam seus locais pré-definidos para auxiliar na circulação e trabalhos externos aos atendimentos. Os Médiuns de Incorporação e Cambones vão para as baias de Atendimento. Todos aguardam o comando do Guia Chefe para iniciarem as incorporações.

Chamada dos Guias de Atendimento

- Apoio comanda as senhas e leva animais/tutores para as cadeiras pré-atendimento;
- Cambone ao ser autorizado pela Entidade, ajuda animal/tutor se acomodarem na baia;
- Cambone auxilia nas necessidades da Entidade;
- A Entidade atende o animal, energiza a água e dá um passe breve no tutor;
- Terminado o atendimento, tutor/animal são auxiliados para retornar à consulência;
- Cambone limpa a baia, oferece álcool gel para a Entidade e prepara para o próximo Atendimento.

Benção Final

Ao término dos atendimentos, todos os médiuns, incluindo o Pessoal do Apoio e Cambones, são convidados a formar um círculo em volta do salão e incorporar seus Caboclos de Trabalho para receber os animais/tutores e todos os presentes para a Benção Coletiva Final.

Depois de todos incorporados, os animais, tutores e todos os presentes são convidados para irem ao centro do salão, com as garrafinhas de água. Neste momento não se utilizam banquinhos ou cadeiras, a menos que haja alguma necessidade específica.

É realizada uma Benção Final do Guia-Chefe e de todas as Entidades, aproveitando para energizar a água coletivamente. O Guia Chefe profere as palavras finais

Todos desincorporam e ocorre o fechamento da Gira na posição que estão.

Fechamento da Gira / Agradecimento

Divulgação do trabalho

Logotipo

Por se tratar de um trabalho ainda de pouco conhecimento do público, algumas medidas de divulgação e esclarecimento sobre os objetivos deste trabalho se fizeram necessárias.

Uma das primeiras providências foi criar uma Identidade Visual, incluindo o nome do trabalho de fácil assimilação e um logotipo bem representativo, características que acompanharam todo o processo de estruturação do trabalho.

Neste trabalho, damos o exemplo do GAPA, abreviação de Grupo de Atendimento Público aos Animais, nome curto, simples e de fácil associação.

A partir disso, originou-se o logotipo, contendo animais inscritos num formato de coração, com as inscrições do nome GAPA.

Divulgação Interna

Além da divulgação boca-a-boca, partindo dos membros, idealizou-se um programa de divulgação em diversas frentes:

durante os trabalhos regulares do Colégio/Templo, com a exposição de banner com data da próxima Gira e divulgação verbal (durante as preleções) das datas dos próximos atendimentos de animais, banner chamativo no ambiente, folder informativo distribuído na recepção, etc.

Redes Sociais

A divulgação nas Redes Sociais de imagens contendo a data, horário e local da Gira. Como se trata de Mídia Digital, é possível também fazer pequenos vídeos.

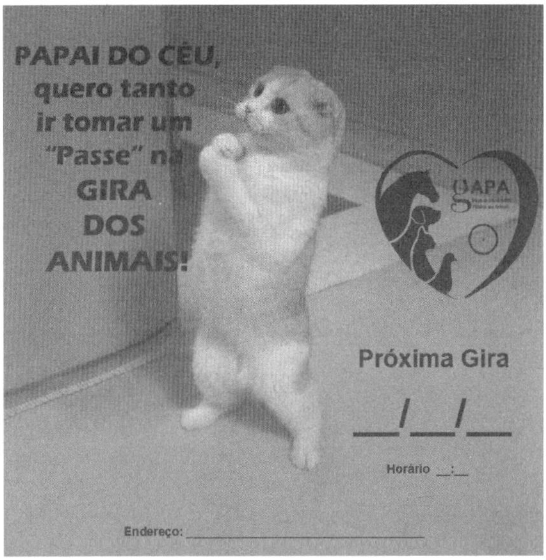

Site

Apresentando imagens, calendários, local das Giras. Neste caso, deve-se ter o cuidado de mantê-lo sempre atualizado, com informações claras e precisas. Veja www.gapa.com.br

Folder Orientativo

O próprio folder desenvolvido para orientação aos Tutores pode servir de meio impresso de divulgação, desde que conste o calendário das Giras e informações úteis ao trabalho e aos interessados. Sempre com o objetivo de orientação aos tutores.

Abaixo está o modelo utilizado durante todo o ano de 2018 e, na sequência, o modelo utilizado no ano de 2019.

Ao chegar:

1. Assine a folha de presença, pegue a senha e a Ficha de Atendimento de seu animal (se for o primeiro atendimento, pegue uma ficha em branco para ser preenchida com os dados cadastrais);
2. Desligue o celular, entre e sente-se, seguindo as orientações da Equipe;
3. Se for o primeiro Atendimento, preencha a ficha
4. Fique com a ficha preenchida em mãos para entregá-la na hora do Atendimento;
5. Neste momento o Trabalho já está acontecendo, portanto permaneça em SILÊNCIO, procurando se conectar com as Vibrações de Cura que já estão atuando no local;
6. Procure ficar atento às necessidades físicas do animal (água e necessidades fisiológicas). Mantenha-o confortável e tranquilo.

NÃO JOGUE ESTE IMPRESSO NA VIA PÚBLICA.
Preservar a natureza é sinal de respeito e gratidão às Divindades.

Pedimos uma postura de RESPEITO para com as Entidades e para com o Trabalho Espiritual que está sendo realizado.

O seu SILÊNCIO e a sua tranquilidade contribuirão para que os animais permaneçam calmos e serenos.

Que os Orixás
e São Francisco
de Assis
abençoem
a todos.

GAPA
Grupo de Atendimento Público aos Animais

"...O que é o homem sem os animais?
Se todos os animais acabassem os homens
morreriam de solidão espiritual,
porque tudo quanto acontece aos animais
pode também afetar os homens.
Tudo quanto fere a terra,
fere também os filhos da terra..."

Trecho da Carta do Chefe Sioux em 1855
ao Presidente dos Estados Unidos.

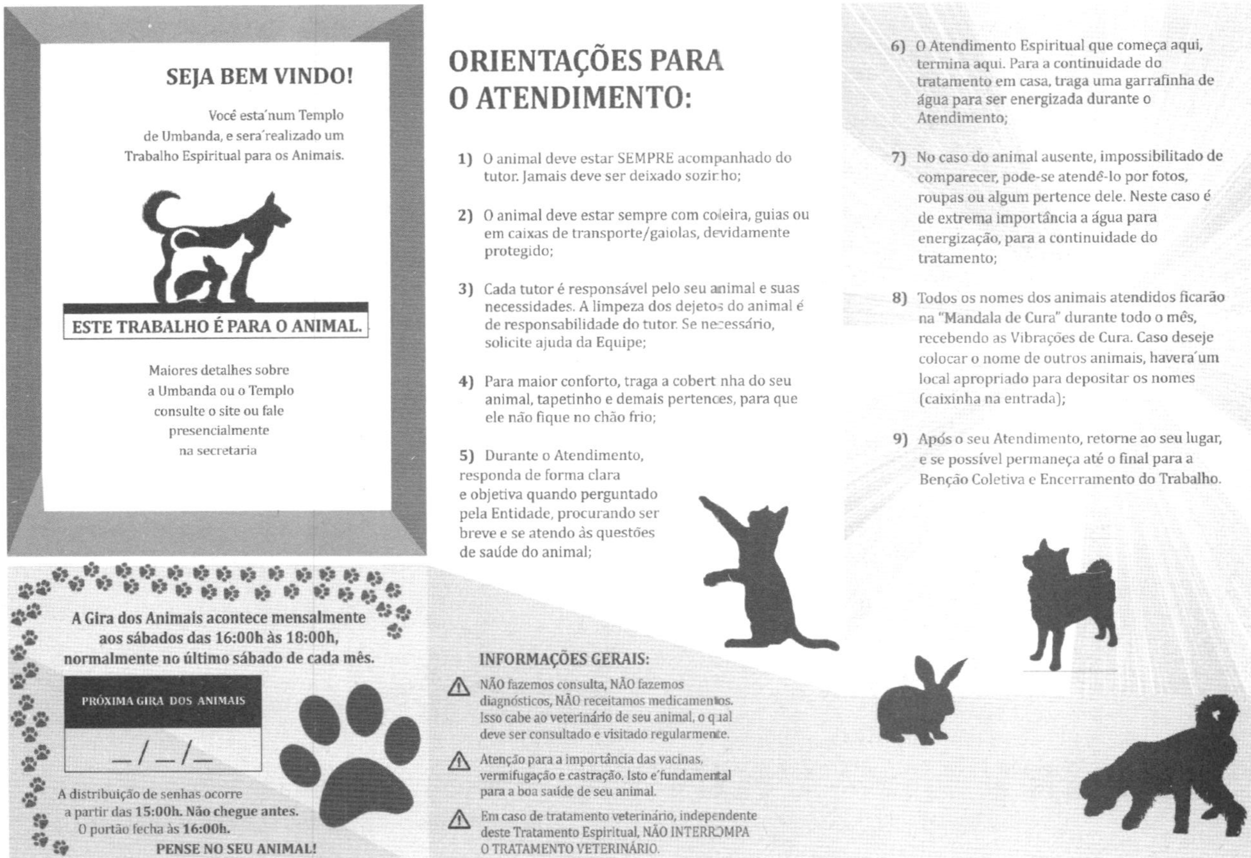

SEJA BEM VINDO!

Você esta'num Templo de Umbanda, e sera'realizado um Trabalho Espiritual para os Animais.

ESTE TRABALHO É PARA O ANIMAL.

Maiores detalhes sobre a Umbanda ou o Templo consulte o site ou fale presencialmente na secretaria

A Gira dos Animais acontece mensalmente aos sábados das 16:00h às 18:00h, normalmente no último sábado de cada mês.

PRÓXIMA GIRA DOS ANIMAIS

_/_/_

A distribuição de senhas ocorre a partir das **15:00h. Não chegue antes.** O portão fecha às **16:00h.**

PENSE NO SEU ANIMAL!

ORIENTAÇÕES PARA O ATENDIMENTO:

1) O animal deve estar SEMPRE acompanhado do tutor. Jamais deve ser deixado sozinho;
2) O animal deve estar sempre com coleira, guias ou em caixas de transporte/gaiolas, devidamente protegido;
3) Cada tutor é responsável pelo seu animal e suas necessidades. A limpeza dos dejetos do animal é de responsabilidade do tutor. Se necessário, solicite ajuda da Equipe;
4) Para maior conforto, traga a cobertinha do seu animal, tapetinho e demais pertences, para que ele não fique no chão frio;
5) Durante o Atendimento, responda de forma clara e objetiva quando perguntado pela Entidade, procurando ser breve e se atendo às questões de saúde do animal;
6) O Atendimento Espiritual que começa aqui, termina aqui. Para a continuidade do tratamento em casa, traga uma garrafinha de água para ser energizada durante o Atendimento;
7) No caso do animal ausente, impossibilitado de comparecer, pode-se atendê-lo por fotos, roupas ou algum pertence dele. Neste caso é de extrema importância a água para energização, para a continuidade do tratamento;
8) Todos os nomes dos animais atendidos ficarão na "Mandala de Cura" durante todo o mês, recebendo as Vibrações de Cura. Caso deseje colocar o nome de outros animais, havera'um local apropriado para depositar os nomes (caixinha na entrada);
9) Após o seu Atendimento, retorne ao seu lugar, e se possível permaneça até o final para a Benção Coletiva e Encerramento do Trabalho.

INFORMAÇÕES GERAIS:

⚠ NÃO fazemos consulta, NÃO fazemos diagnósticos, NÃO receitamos medicamentos. Isso cabe ao veterinário de seu animal, o qual deve ser consultado e visitado regularmente.

⚠ Atenção para a importância das vacinas, vermifugação e castração. Isto e'fundamental para a boa saúde de seu animal.

⚠ Em caso de tratamento veterinário, independente deste Tratamento Espiritual, NÃO INTERROMPA O TRATAMENTO VETERINÁRIO.

GIRA DOS ANIMAIS
GAPA
Grupo de Atendimento Público aos Animais
A Gira dos Animais acontece mensalmente
aos sábados das 16:00h às 18:00h
A distribuição de senhas ocorre a partir
das 15:00h. Não chegue antes.
PENSE NO SEU ANIMAL!
O portão fecha às 16:00h.
Aceitamos doações de rações, medicamentos, etc, que serão encaminhados à Instituições de Proteção Animal
CALENDÁRIO
GIRA DOS ANIMAIS
__/__/__
__/__/__
__/__/__
__/__/__
__/__/__
__/__/__
Que os Orixás
e São Francisco
de Assis
abençoem
a todos.
NÃO JOGUE ESTE IMPRESSO NA VIA PÚBLICA.
Preservar a natureza é sinal de respeito e gratidão às Divindades.
www.gapa.com.br

AO CHEGAR PARA O TRABALHO:

Assine a folha de presença, pegue a senha e a Ficha de Atendimento de seu animal (se for o primeiro atendimento, pegue uma ficha em branco para ser preenchida com os dados cadastrais);

Se for o primeiro Atendimento, preencha a ficha;

Desligue o celular, entre e sente-se, seguindo as orientações da Equipe;

Fique com a ficha preenchida em mãos para entregá-la na hora do Atendimento;

Neste momento o Trabalho já está acontecendo, permaneça em SILÊNCIO, conectando-se com as Vibrações de Cura que já estão atuando no local;

Fique atento às necessidades físicas do animal (água e necessidades fisiológicas);

Mantenha-o confortável e tranquilo;

Pedimos uma postura de **RESPEITO** para com as Entidades e para com o Trabalho Espiritual que está sendo realizado.

O seu **SILÊNCIO** e a sua tranquilidade contribuirão para que os animais permaneçam calmos e serenos.

⚠ INFORMAÇÕES GERAIS: ⚠

NÃO fazemos consulta, NÃO fazemos diagnósticos, NÃO receitamos medicamentos. Isso cabe ao veterinário de seu animal, o qual deve ser consultado e visitado regularmente.

Atenção para a importância das vacinas, vermifugação e castração. Isto e'fundamental para a boa saúde de seu animal.

Em caso de tratamento veterinário, independente deste Tratamento Espiritual, NÃO INTERROMPA O TRATAMENTO VETERINÁRIO.

ORIENTAÇÕES PARA O ATENDIMENTO:

1) O animal deve estar SEMPRE acompanhado do tutor. Jamais deve ser deixado sozinho;

2) O animal deve estar sempre com coleira, guias ou em caixas de transporte/gaiolas, devidamente protegido;

3) Cada tutor é responsável pelo seu animal e suas necessidades. A limpeza dos dejetos do animal é de responsabilidade do tutor Se necessário, solicite ajuda da Equipe;

4) Para maior conforto, traga a cobertinha do seu animal, tapetinho e demais pertences, para que ele não fique no chão frio;

5) Durante o Atendimento, responda de forma clara e objetiva quando perguntado pela Entidade, procurando ser breve e se atendo às quetões de saúde do animal;

6) O Atendimento Espiritual que começa aqui, termina aqui. Para a continuidade do tratamento em casa, traga uma garrafinha de àgua para ser energizada durante o Atendimento;

7) No caso do animal ausente, impossibilitado de comparecer, pode-se atendê-lo por fotos, roupas ou algum pertence dele. Neste caso é de extrema importância a água para energização para a continuidade do tratamento;

8) Todos os nomes dos animais atendidos ficarão na *"Mandala de Cura"* durante todo o mês, recebendo as Vibrações de Cura. Caso deseje colocar o nome de outros animais, haverá um local para depositar os nomes (caixinha na Entrada);

9) Após o seu Atendimento, retorne ao seu lugar, e se possível permaneça até o final para a Benção Coletiva e Encerramento do Trabalho.

ESTE TRABALHO É PARA O ANIMAL.

Consulte calendário completo no site **www.gapa.com.br**

Controles e Planilhas Estatísticas

Lista de Presença - Tutores e Animais

LISTA DE PRESENÇA								
GIRA xx/yy/zzzz	GAPA - GRUPO (GIRA) DE ATENDIMENTO PÚBLICO AOS ANIMAIS							
Nome do Animal	Espécie	1a Vez	Retor-no	Nome do Tutor	Telefone	Email	Presencial	Distância

Lista de Presença - Médiuns

Esta lista de presença dos médiuns deve estar presente tanto nas giras como nas eventuais reuniões administrativas que ocorrerem.

LISTA DE PRESENÇA		
GIRA xx/yy/zzzz	GAPA - GRUPO (GIRA) DE ATENDIMENTO PÚBLICO AOS ANIMAIS	
NOME	TELEFONE	ASSINATURA
Médium Fulano	98765 4321	
Medium Beltrano	97531 8642	
Medium Ciclano	91827 3645	

Fichas de Atendimento

Na entrada dos animais/tutores, estes pegam a senha para organizar a ordem do atendimento, assinam a Lista de Presença e pegam a Ficha de Atendimento. Se for o primeiro atendimento, pegam uma ficha em branco para ser preenchida com os dados cadastrais, antes do início da Gira. Devem manter a Ficha de Atendimento em mãos para entregar ao Cambone no momento do atendimento.

Frente da Ficha

Ficha de Atendimento - GIRA DOS ANIMAIS Número: ______

Nome do Animal ______ Nome do Tutor: ______

Espécie ( ) Cão ( ) Gato ( ) ______ Telefone: ______

Sexo ( )Macho ( ) Fêmea Email: ______

Raça ______ Idade ______ Relação com: ( ) Médium ( ) Desenvolvimento ( ) Cursos

Colégio: ( ) ______

Principal Queixa ______

Data	Nome entidade e Nome médium que atendeu	Observação sobre o Atendimento
__/__/__		
__/__/__		
__/__/__		
__/__/__		
__/__/__		
__/__/__		

Verso da Ficha

Data	Nome entidade e Nome médium que atendeu	Observação sobre o Atendimento
__/__/__		
__/__/__		
__/__/__		
__/__/__		
__/__/__		
__/__/__		
__/__/__		
__/__/__		
__/__/__		
__/__/__		

Observações

GAPA - Ficha - Março2018

Perfil do Público / Tutores

GAPA - ANÁLISE DE PÚBLICO PARTICIPANTE

Giras	Medium	Desenvolvimento	Cursos	Consulência Outros	Total
xx/yy/zzzz					0
aa/bb/cccc					0
					0
					0
					0
					0
					0
					0
					0

Total	0	0	0	0	0
Média	0,0	0,0	0,0	0,0	0,0
Partic.%	0,0%	0,0%	0,0%	0,0%	

Atendimentos por Espécie

GAPA - NÚMERO DE ATENDIMENTO POR MÉDIUM

MÉDIUNS E ENTIDADES	CÃES			GATOS			AVES			TARTARUGA			OUTROS			TOTAL GERAL		
Data:	Total	Pres	Dist	Total	Pres	Dist	Total	Pres	Dist	Total	Pres	Dist	Total	Pres	Dist	Total	Pres	Dist
Médium Fulano - Caboclo X	0			0			0			0			0			0	0	0
Médium Beltrano - Ere Z	0			0			0			0			0			0	0	0
Médium Ciclano - Vovô Y	0			0			0			0			0			0	0	0
TOTAIS	0	0	0	0	0	0	0	0	0	0	0	0	0	0	0	0	0	0

Cadastro dos Membros

Um registro básico dos dados dos Membros deve ser feito e arquivado, que contenha nome, filiação documentos de identidade, endereço e telefones de contato. Juntamente com este cadastro deve ser arquivado o "Termo de Ajuste de Conduta e Responsabilidade", assinado no momento do voluntariado.

Frequência dos Membros nas Giras/Reuniões

Como dito anteriormente, a frequência e assiduidade é fundamental para o desenrolar pleno dos trabalhos espirituais. Disciplina é uma das bases do trabalho.

GAPA - CONTROLE DE FREQUÊNCIA DOS MÉDIUNS

Nome do colaborador	xx/yy/zz	aa/bb/cc	data	data	data	TOTAL GIRAS	TOTAL PRES	TOTAL FALTAS
	Gira	Reunião	Gira	Gira	Gira			
						0	0	0
Médium Fulano						0	0	0
Médium Beltrano						0	0	0
Médium Ciclano						0	0	0
						0	0	0
						0	0	0
						0	0	0
						0	0	0
						0	0	0
						0	0	0

Palavras Finais

Agradeço à Espiritualidade, à Tininha e a todos os animais que me inspiraram este Trabalho.

Espero que este livro seja fonte inspiradora para a multiplicação do Atendimento Espiritual aos Animais em Terreiros de Umbanda e toque os corações de todas as pessoas que amam e protegem os animais.

Lembro as palavras do Chefe Sioux, em carta enviada ao presidente dos Estados Unidos em 1855, que dizia:

> *"... O que é o homem sem os animais? Se todos os animais acabassem, os homens morreriam de solidão espiritual, porque tudo quanto acontece aos animais pode também afetar os homens. Tudo quanto fere a terra, fere também os filhos da terra..."*

Que os Orixás e São Francisco de Assis abençoem a todos.

Com amor,

Luzia Contim

Bibliografia

BRENNAN, Barbara Ann. *Mãos de Luz*. São Paulo: Pensamento, 1987.

CAMARGO, Adriano. *Rituais com Ervas na Umbanda*. São Paulo: O Erveiro, 2017.

CUMINO, Alexandre. *História da Umbanda, uma religião brasileira*. São Paulo: Madras, 2010.

CUMINO, Alexandre. *Umbanda não é Macumba*. São Paulo: Madras, 2014.

CUMINO, Alexandre. *Orixás na Umbanda: um Deus, Sete Linhas e muitos Orixás*. São Paulo: Madras, 2017.

CUMINO, Alexandre. *A Umbanda e o Umbandista*. São Paulo: Madras, 2017.

Outras publicações

EXU E SEUS ASSENTAMENTOS

Evandro Mendonça inspirado pelo Senhor Exu Marabô

Todos nós temos o nosso Exu individual. É ele quem executa as tarefas do nosso Orixá, abrindo e fechando tudo. É uma energia vital que não morre nunca, e ao ser potencializado aqui na Terra com assentamentos (ponto de força), passa a dirigir todos os caminhos de cada um de nós, procurando sempre destrancar e abrir o que estive fechado ou trancado.

Formato: 16 x 23 cm – 176 páginas

POMBA-GIRA E SEUS ASSENTAMENTOS

Evandro Mendonça inspirado pela Senhora Pomba-Gira Maria Padilha

Pomba-Gira é uma energia poderosa e fortíssima. Atua em tudo e em todos, dia e noite. E as suas sete ponteiras colocadas no assentamento com as pontas para cima representam os sete caminhos da mulher. Juntas às outras ferramentas, ervas, sangue, se potencializam tornando os caminhos mais seguros de êxitos. Hoje é uma das entidades mais cultuadas dentro da religião de Umbanda. Vive na Terra, no meio das mulheres. Tanto que os pedidos e as oferendas das mulheres direcionadas à Pomba-Gira têm um retorno muito rápido, na maioria das vezes com sucesso absoluto.

Formato: 16 x 23 cm – 176 páginas

ANUBIS

UMBANDA – DEFUMAÇÕES, BANHOS, RITUAIS, TRABALHOS E OFERENDAS

Evandro Mendonça

Rica em detalhes, a obra oferece ao leitor as minúcias da prática dos rituais, dos trabalhos e das oferendas que podem mudar definitivamente a vida de cada um de nós. Oferece também os segredos da defumação, assim como os da prática de banhos. Uma obra fundamental para o umbandista e para qualquer leitor que se interesse pelo universo do sagrado. Um livro necessário e essencialmente sério, escrito com fé, amor e dedicação.

Formato: 16 x 23 cm – 208 páginas

PRETO-VELHO E SEUS ENCANTOS

Evandro Mendonça inspirado pelo Africano São Cipriano

Os Pretos-Velhos têm origens africana, ou seja: nos negros escravos contrabandeados para o Brasil, que são hoje espíritos que compõe as linhas africanas e linhas das almas na Umbanda.

São almas desencarnadas de negros que foram trazidos para o Brasil como escravos, e batizados na igreja católica com um nome brasileiro. Hoje incorporam nos seus médiuns com a intenção de ajudar as almas das pessoas ainda encarnadas na terra.

A obra aqui apresentada oferece ao leitor preces, benzimentos e simpatias que oferecidas aos Pretos-Velhos sempre darão um resultado positivo e satisfatório.

Formato: 16 x 23 cm – 176 páginas

Outras publicações

CIGANOS – MAGIAS DO PASSADO DE VOLTA AO PRESENTE

Evandro Mendonça

Na Magia, como em todo preceito espiritual e ritual cigano, para que cada um de nós tenha um bom êxito e consiga o que deseja, é fundamental que tenhamos fé, confiança e convicção. E, naturalmente, confiança nas forças que o executam. Para isso é fundamental que acreditemos nas possibilidades das coisas que queremos executar.

Formato: 16 x 23 cm – 176 páginas

ILÊ AXÉ UMBANDA

Evandro Mendonça ditado pelo Caboclo Ogum da Lua

Filhos de Umbanda e meus irmãos em espíritos, como o tempo e o espaço são curtos, vou tentar resumir um pouco de cada assunto dos vários que eu gostaria muito de falar, independentemente da religião de cada um. Não são palavras bonitas e talves nem bem colocadas na ordem certa desta descrita, mas são palavras verdadeiras, que esse humilde Caboclo, portador de muita luz, gostaria de deixar para todos vocês, que estão nesse plano em busca da perfeição do espírito, refletirem.

Formato: 16 x 23 cm – 136 páginas

EXU, POMBA-GIRA E SEUS AXÉS

Evandro Mendonça inspirado pelo Sr. Exu Marabô e pela Sra. Pomba-Gira Maria Padilha

A obra apresenta as liberações dos axés de Exus e de Pombas-Giras de modo surpreendente, condensado e extremamente útil. É um trabalho direcionado a qualquer pessoa que se interesse pelo universo apresentado, no entanto, é de extrema importância àquelas pessoas que tenham interesse em evoluir em suas residências, em seus terreiros, nas suas vidas.

E o que são esses axés? "Axé" é força, luz, poder espiritual, (tudo o que está relacionado com a sagrada religião), objetos, pontos cantados e riscados, limpezas espirituais etc. São os poderes ligados às Entidades.

Formato: 16 x 23 cm – 176 páginas

A MAGIA DE SÃO COSME E SÃO DAMIÃO

Evandro Mendonça

Algumas lendas, histórias e relatos contam que São Cosme e São Damião passavam dias e noites dedicados a cura tanto de pessoas como animais sem nada cobrar, por esse motivo foram sincretizados como "santos dos pobres" e também considerados padroeiros dos médicos.

Não esquecendo também seu irmão mais novo chamado Doúm, que junto fez parte de todas as suas trajetórias.

A obra oferece ao leitor algumas preces, simpatias, crenças, banhos e muitas outras curiosidades de São Cosme e São Damião.

Formato: 14 x 21 cm – 136 páginas

Outras publicações

FEITIÇOS, MAGIAS E MIRONGAS

Evandro Mendonça

Mais uma obra que apresento a vocês, meus leitores, com muito orgulho e satisfação do dever comprido. Espero que seja do agrado de todos e que possam usufruir de todos os feitiços contidos nessa obra.

São feitiços simples mas de muita eficácia, e muitos deles hoje nem praticados mais na maioria dos terreiros. Vocês encontrarão vários feitiços com o propósito de ajudar a cada um à medida do possível e do merecimento de cada um.

Mas, para aqueles que ainda cultuam uma Umbanda antiga de amor, fé, raiz e fundamento, tenho certeza de que se identificarão com essa obra e seus feitiços.

Lembrando que esta obra é quase um segmento do meu primeiro e mais vendido livro: *Umbanda – Defumações, Banhos, Rituais, Trabalhos e Oferendas*.

Formato: 16 x 23 cm – 192 páginas

ZÉ PELINTRA – FEITIÇOS E MAGIAS

Evandro Mendonça

Este livro foi feito com muito amor e carinho, ainda mais falando em espiritualidade, doutrina, raiz e fundamentos religiosos.

É um livro simples, básico, didático, direcionado à todos aqueles médiuns novos que estão entrando para os terreiros de Umbanda, e que realmente têm o desejo de aprender.

É um livro que apresenta banhos, defumações, pontos cantados, rituais, magias, feitiços, oferendas e simpatias, da linha dos Malandros que podem ser muito úteis e usados no seu dia a dia.

Formato: 16 x 23 cm – 192 páginas

ARSENAL DE UMBANDA

Evandro Mendonça

O livro "Arsenal da Umbanda" e outros livros inspirados pelo médium Evandro Mendonça e seus mentores, visa resgatar a Umbanda no seu princípio básico, que é ligar o homem aos planos superiores. Atos saudáveis como o de acender uma vela ao santo de sua devoção, tomar um banho de descarga, levar um patuá para um Preto-Velho, benzer-se, estão sendo esquecidos nos dias de hoje, pois enquanto uns querem ensinar assuntos complexos, outros só querem saber de festas e notoriedade.

Umbanda é sabedoria, religião, ciência, luz emanada do alto, amor incondicional, crença na Divindade Maior. Umbanda é a própria vida.

Formato: 16 x 23 cm – 208 páginas

ORIXÁS – SEGURANÇAS, DEFESAS E FIRMEZAS

Evandro Mendonça

Caro leitor, esta é mais uma obra que tem apenas o humilde intuito de somar a nossa Religião Africana. Espero com ela poder compartilhar com meus irmãos e simpatizantes africanistas um pouco mais daquilo que vi, aprendi e escutei dos mais antigos Babalorixás, Yalorixás e Babalaôs, principalmente do meu Babalorixá Miguel da Oyá Bomí. São ensinamentos simples, antigos, porém repletos de fundamento e eficácia na Religião Africana; alguns até mesmo já esquecidos e não mais praticados nos terreiros devido ao modernismo dos novos Babalorixás e Yalorixás e suas vontades de mostrar luxúrias, coisas bonitas e fartas para impressionar os olhos alheios.

Formato: 16 x 23 cm – 192 páginas

Outras publicações

UMBANDA ASTROLÓGICA – OS SENHORES DO DESTINO E A COROA ASTROLÓGICA DE ORUMILÁ

Carlinhos Lima

Este livro trata-se de uma visão do horóscopo zodiacal sobre o prisma da Umbanda, da mesma forma que é uma visão do orixá por meio do saber astrológico. Mas, além dessa interação Umbanda-Astrologia, o livro também foca e revela outros oráculos, especialmente os mais sagrados para os cultos afrobrasileiros que são o Ifá e Búzios. Nesse contexto orácular, trazemos capítulos que falam de duas técnicas inéditas de como adentrar o mundo dos odus, utilizando o zodíaco: a primeira é a Ifástrologia que utiliza-se das casas astrológicas do Horóscopo para alinhar os odus e chegarmos a odus que são responsáveis por nossa existência. E a outra é a soma dos odus utilizando a data de nascimento.

Formato: 16 x 23 cm – 256 páginas

AS CLAVÍCULAS DE SALOMÃO – AS SAGRADAS MAGIAS CERIMONIAIS DO REI

Carlinhos Lima

Fonte primordial, celeiro da Magia Cabalística e origem de muitas das magias cerimoniais dos tempos medievais, as *Clavículas* sempre foram estimadas e valorizadas pelos escritores ocultistas, como uma obra da maior autoridade; e notáveis ocultistas mais próximos de nosso tempo, como o grande Eliphas Levi, Aleister Crowley e outros, tomaram como modelo para seus celebrados trabalhos. Um bom exemplo é a excepcional obra *"Dogmas e Rituais da Alta Magia"* de Eliphas Levi, que se baseou profundamente nas Clavículas.

Na verdade, o buscador vai perceber facilmente que não só Levi se baseou nas *Clavículas de Salomão*, mas, foram muitos os que o tomaram como seu livro de estudo.

Formato: 16 x 23 cm – 288 páginas

UMBANDA – UM CAMINHO PARA A ESPIRITUALIDADE

Ademir Barbosa Júnior (Dermes)

Este livro traz algumas reflexões sobre a Espiritualidade das Religiões de Matriz Africana, notadamente da Umbanda e do Candomblé. São pequenos artigos disponibilizados em sítios na internet, notas de palestras e bate-papos, trechos de alguns de meus livros.

Como o tema é amplo e toca a alma humana, independentemente de segmento religioso, acrescentei dois textos que não se referem especificamente às Religiões de Matriz Africana, porém complementam os demais: "Materialização: fenômeno do algodão" e "Espiritualidade e ego sutil".

Espero que, ao ler o livro, o leitor se sinta tão à vontade como se pisasse num terreiro acolhedor.

Formato: 16 x 23 cm – 144 páginas

MITOLOGIA DOS ORIXÁS – LIÇÕES E APRENDIZADOS

Ademir Barbosa Júnior (Dermes)

O objetivo principal deste livro não é o estudo sociológico da mitologia iorubá, mas a apresentação da rica mitologia dos Orixás, que, aliás, possui inúmeras e variadas versões.

Não se trata também de um estudo do Candomblé ou da Umbanda, embora, evidentemente, reverbere valores dessas religiões, ditas de matriz africana.

Foram escolhidos alguns dos Orixás mais conhecidos no Brasil, mesmo que nem todos sejam direta e explicitamente cultuados, além de entidades como Olorum (Deus Supremo iorubá) e as Iya Mi Oxorongá (Mães Ancestrais), que aparecem em alguns relatos.

Formato: 16 x 23 cm – 144 páginas

Outras publicações

O LIVRO DE OURO DOS ORIXÁS

Ademir Barbosa Júnior (Dermes)

A Umbanda cultua e trabalha com Orixás. Não são "caboclos ou falangeiros" de Orixás, mas os próprios, que se manifestam de vários modos, inclusive mediunicamente por meio da incorporação. Nunca encarnaram e pertencem a um grau de adaptação aos encarnados e aos indivíduos em que incorporam, evidentemente tendo ainda de baixar seu alto padrão vibratório para tal. Ora, quando alguém migra do Candomblé para a Umbanda ou vice-versa, por exemplo, o Orixá que o assiste e/ou incorpora muda? Não e por várias razões.

Neste livro, o leitor encontrará todas as características de cada Orixá, como sua cor, sua comida, seus elementos e tudo mais que o representa, de uma forma simples e clara.

Formato: 16 x 23 cm – 192 páginas

O LIVRO DE OURO DA UMBANDA

Ortiz Belo de Souza

"O Livro de Ouro da Umbanda", este título nos leva ao mundo de interpretações do fascínio que é a religião de Umbanda. Uma obra pautada na ética que indica o brilho que é ser médium de Umbanda. Um Chamado religioso que proclama a importância do Poder Supremo do Criador através dos espíritos de Luz, sendo um alicerce que permitirá a união de todos os pensamentos, enaltecendo sempre a grandiosidade que é servir como medianeiro dos planos extrafísicos, conotando a realeza que vem por trás daqueles dotados da capacidade de interagir com seus guias espirituais, de maneira sempre humilde.

Um compêndio de explanações que servem a todos nós o tempo todo, ajudando na educação do medianeiro, em sua meditação sobre "o que eu sou" e o "o que devo ser". Com certeza, utilizará esta ferramenta para elevar seu trabalho religioso.

Formato: 16 x 23 cm – 256 páginas

'ARÔ DOS GUARDIÕES –
)s Arcanos Menores

Karol Souza

) Tarô dos Guardiões é o resultado de rofundos estudos e busca desmistificar irradiação de Exus e Pombogiras dentro a religião de Umbanda. Tem sua leitura aseada na atuação (ponto de força), classificação (falange) e hierarquia (irradiação o Orixá) destes Agentes de Luz em conunhão com conhecimentos sacerdotais nilenares descritos simbolicamente pelos 6 Arcanos Menores, para que mediante les, possamos obter mais conhecimento obre nossa jornada terrena.

Este tarô foi desenvolvido com carinho seriedade e não desmerece outros baralhos/tarôs conhecidos no meio oracular, nas expõe a riqueza de métodos divinatórios. Que nossa caminhada seja de ompreensão e aprendizagem mútua.

Acompanha um baralho com 56 cartas oloridas, dos Arcanos Menores.

'ormato: 14 x 21 cm – 128 páginas

TARÔ DOS ORIXÁS

Ademir Barbosa Júnior (Dermes)

O Tarô dos Orixás é um oráculo baseado na riquíssima espiritualidade de Orixás, Guias, Guardiões e da Ancestralidade Individualizada (Babá Egun). Idealizado pelo autor, apresenta a sabedoria, os ensinamentos e as lições para cada setor da vida (saúde, amor, finanças etc.) em leituras breves ou mais aprofundadas.

Sempre respeitando o livre-arbítrio, o Tarô dos Orixás é um instrumento seguro de autoconhecimento ou de atendimento e orientação a indivíduos e/ou grupos em busca de experiências centradas e equilibradas, nas quais as luzes e sombras de cada um e do conjunto sejam reconhecidas, respeitadas e integradas.

Com 22 cartas ricamente ilustradas por Miro Souza, o Tarô dos Orixás, mais que um oráculo, é uma fonte de movimentação de Axé para todos os que dele se utilizam.

Formato: 14 x 21 cm – 160 páginas

Distribuição exclusiva

AQUAROLIBOOKS®

www.aquarolibooks.com.br